# LAUBFRÖSCHE

## Dr. Hans-Joachim Herrmann

*Meiner Frau Julia Herrmann*

Dr. Hans-Joachim Herrmann

# LAUBFRÖSCHE

Zucht und Haltung der
beliebtesten Froschlurche
im Terrarium

Impressum

© 1993 **Tetra-Verlag**
Tetra-Werke Dr. rer. nat. Ulrich Baensch GmbH
Herrenteich 78 · 49304 Melle , Germany

Alle Rechte der Verbreitung, einschließlich Film, Funk und Fernsehen
sowie des auszugsweisen Nachdrucks vorbehalten.

Satz und Layout: Fotosatz Hoffmann, Hennef
Lithos: Flotho Reprotechnik, Osnabrück
        Fotosatz Hoffmann, Hennef
Druck: EGEDSA, Sabadell (Barcelona), Spanien
DLB 7 337 - 1993

ISBN 3- 89356-161-7

# INHALT

Kletternder Bromelienlaubfrosch *(Hyla ebraccata)*

# VORWORT

Laubfrösche (Familie Hylidae) gehören zu den bekanntesten Amphibien. Viele herpetologische und terraristische Bücher zeigen auf ihrem Titelbild einen niedlichen, grünen Laubfrosch. Die hervorstehenden großen Augen, glatte, meist grell gefärbte Haut und ein graziler Körperbau wirken anmutig und durch das Kindchenschema sogar liebenswürdig.

Sicher bewegte dieses Aussehen der Hyliden viele Terrarianer, sich der Laubfroschfamilie zu widmen. Von den wenigen europäischen und asiatischen bis zu den sehr vielen neuweltlichen Arten findet man nahezu alle Gattungen in den Terrarien. Favoriten sind besonders farbenprächtige, neotropische Hyliden, wie etwa die Rotaugenfrösche *(Agalychnis),* Makifrösche *(Phyllomedusa),* Bromelienlaubfrösche *(Hyla-ebraccata*-Gruppe) und Beutelfrösche *(Gastrotheca).* Obwohl die meisten Laubfrösche eine nachtaktive Lebensweise führen, sieht man sie auch tagsüber in ihren schönen Farben. In manchen Lebensräumen dienen sie den Umweltforschern als Bio-indikatoren. In Süd- und Mittelamerika, wo die meisten Hylidenarten vorkommen, werden ständig neue Species beschrieben. Studenten und Promoventen auf dem Gebiet der Wirbeltierzoologie finden dort ein breites Betätigungsfeld. Nicht nur Taxonomie und Verbreitung, sondern auch ihre ökologische Rolle, Ethologie und Fortpflanzungsbiologie sind Hauptthemen wissenschaftlicher Arbeiten. Manche Beobachtungen und Untersuchungen lassen sich aber nur schwer im Freiland durchführen, so daß der Haltung von Laubfröschen eine immer größere Rolle zugekommen ist.

Sowohl aus den Laboratorien großer Forschungsinstitute und Museen als auch von Hobbyforschern stammen zahlreiche beeindruckende Arbeiten zur Biologie der Hylidae. Ein wissenschaftliches Zentrum bei der Erforschung von Laubfröschen ist das Naturhistorische Museum der Universität Kansas in Lawrence (USA). Seit vielen Jahren befassen sich dort das Forscherehepaar William E. Duellman

7

Riesen-Lemurenfrosch *(Phyllomedusa bicolor)*

und Linda Trueb gemeinsam mit ihren vielen akademischen Schülern mit taxonomischen, morphologischen, evolutionsbiologischen und ökologischen Untersuchungen an Laubfröschen. Ihrer umfangreichen Publikationstätigkeit sowie fachlichen Gesprächen mit diesen Wissenschaftlern verdankt der Verfasser viele Anregungen und Erkenntnisse für dieses Buch. Aber auch das umfangreiche, zumeist von Laienforschern publizierte terraristische Schrifttum über Laubfrösche bildete eine wertvolle Grundlage.

In manchen Bereichen der Haltung und Zucht übertreffen emsige, in Fachgruppen organisierte Terrarianer die Fachkompetenz der Fachwissenschaftler, da es sich hier um eine Form der Grundlagenforschung handelt, die kaum ökonomische Relevanz aufweist. Trotzdem leisten die Terrarianer durch ihre regelmäßigen Hylidennachzuchten einen ausgezeichneten Beitrag für die Erhaltung mancher bedrohten Art, da Importe aus den Ursprungsländern immer seltener erforderlich werden. Spezielle Methoden der hormonellen Fortpflanzungsstimulation und einige Therapien sollten dennoch stets in Zusammenarbeit zwischen erfahrenen Hobbyisten und Fachwissenschaftlern (Tierärzten oder Zoologen) angewandt werden. Dieses Buch soll dabei helfen, wesentliche Erkenntnisse über Haltung und Zucht von Laubfröschen in Menschenhand, aber auch Details ihrer Biologie, zusammengefaßt in populärwissenschaftlicher Form, zu verbreiten.

# Froschleben
# in luftiger Höhe

### Die Laubfrösche und ihre Merkmale

Gray beschrieb 1825 die Amphibien-familie Hylidae; er faßte damit baum-bewohnende Frösche verschiedener Erdteile zusammen. Die moderne Systematik teilt die über 630 Laub-froscharten in 37 rezente und zwei fossile Gattungen sowie vier Unter-familien ein. Auf Australien sind die Pelodryadinae mit den Gattungen *Australobatrachus* (fossil), *Cyclorana*,

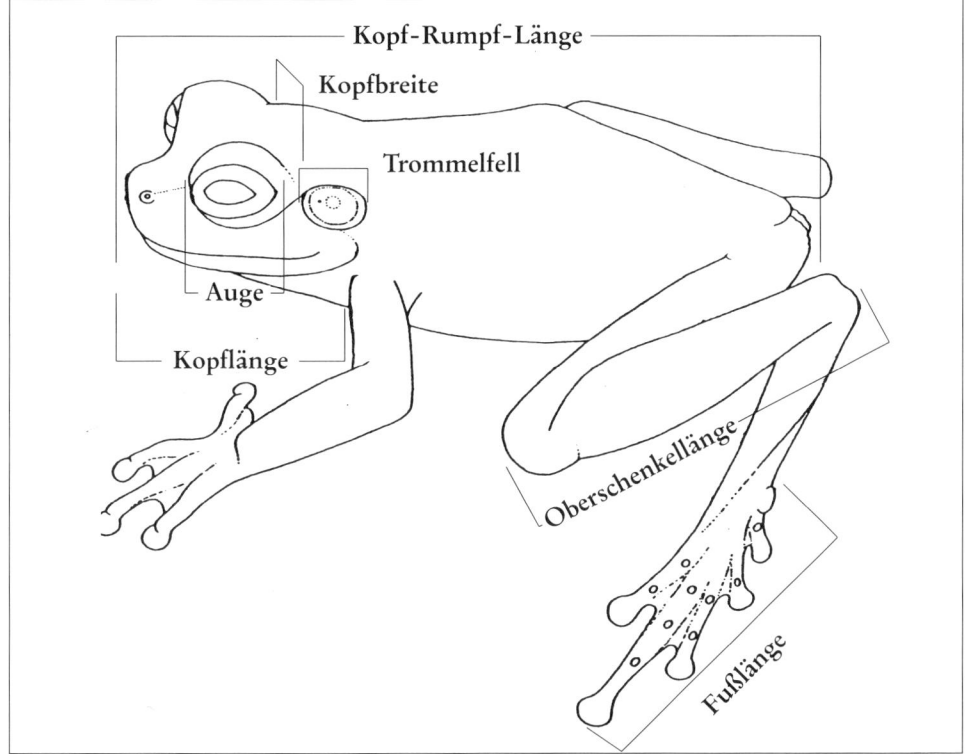

Laubfrosch mit den wichtigsten Meßgrößen (nach Duellmann)

Den typischen Laubfroschhabitus zeigt die asiatische Art *Hyla annectans*

Litoria und *Nyctimystes* beschränkt. Die beiden Subfamilien Phyllomedusinae und Hemiphractinae bewohnen Süd- und Mittelamerika. Die erste Unterfamilie umfaßt die Gattungen *Agalychnis*, *Pachymedusa* und *Phyllomedusa*, die zweite *Amphignathodon*, *Cryptobatrachus*, *Flectonotus*, *Fritziana*, *Gastrotheca*, *Hemiphractus* und *Stefania*.

Als Laubfrösche im engeren Sinne werden die Hylinae mit den Gattungen *Acris*, *Allophryne*, *Anotheca*, *Aparasphenodon*, *Aplastodiscus*, *Argento-* *hyla*, *Calyptahyla*, *Corythomantis*, *Hyla*, *Limnaoedus*, *Nyctimantis*, *Ololygon*, *Osteocephalus*, *Osteopilus*, *Phrynohyas*, *Phyllodytes*, *Plectohyla*, *Proacris* (fossil), *Pseudacris*, *Pternohyla*, *Ptychohyla*, *Smilisca*, *Sphaenorhynchus*, *Trachycephalus* und *Triprion* verstanden. Die ersten paläontologischen Nachweise von Laubfröschen stammen aus dem Oligozän Nordamerikas, aber auch aus dem Pleistozän sind Funde bekannt.

In Europa und Australien entdeckte man Fossilien aus dem Miozän und Pleistozän, in Brasilien vom Paläozän. Die sehr umfangreiche Familie Hylidae unterliegt ständig taxonomischen Diskussionen. So stellen beispielsweise einige Autoren die Gattung *Allophryne* in eine eigene Familie, und auch die Stellung der in der australischen Region verbreiteten Gattungen zu denen anderer Kontinente wird diskutiert.

Alle diese Laubfrösche weisen Merkmale auf, die ihre Einordnung in eine Familie rechtfertigen: Die acht Wirbel sind procoel, das heißt vorn konkav und hinten konvex ausgeformt, ein Merkmal, das zu einer echten Gelenkverbindung führt. Laubfrösche gehören zu den Schiebebrustfröschen (beweglicher Schultergürtel); sie besitzen keine Rippen. Bei vielen Arten (außer der umstrittenen Gattung *Allophryne)* befinden sich Zähne an Oberkiefer und Gaumen, *Amphignathodon* ist die einzige Gattung mit Unterkieferzähnen. Kleine Zwischenknorpel können zwischen den Fingergliedern ausgebildet werden, die bei der kletternden Lebensweise eine Funktion haben; die Zehenendglieder sind oft gekrümmt. Die Pupille ist horizontal (außer bei den Phyllomedusinae und *Nyctimystes,* wo sie eine vertikal-elliptische Form aufweist). Die Chromosomenanzahl beträgt 22 bis 30. Bei einigen Arten hat sich die Chromosomenanzahl erhöht. So weisen die Frösche der neotropischen *Hyla-leucophyllata*-Gruppe 30 Chromosomen auf. Der Antillenlaubfrosch *Osteopilus brunneus* stellt mit seinen 34 Chromosomen eine große Ausnahme dar. Unter den Laubfröschen findet man Zwerge und Riesen — sie erreichen Körperlängen zwischen 17 und 140 mm.

Die Körperproportionen dienen neben Zeichnung, Färbung, Hautstruktur, Mikromorphologie und

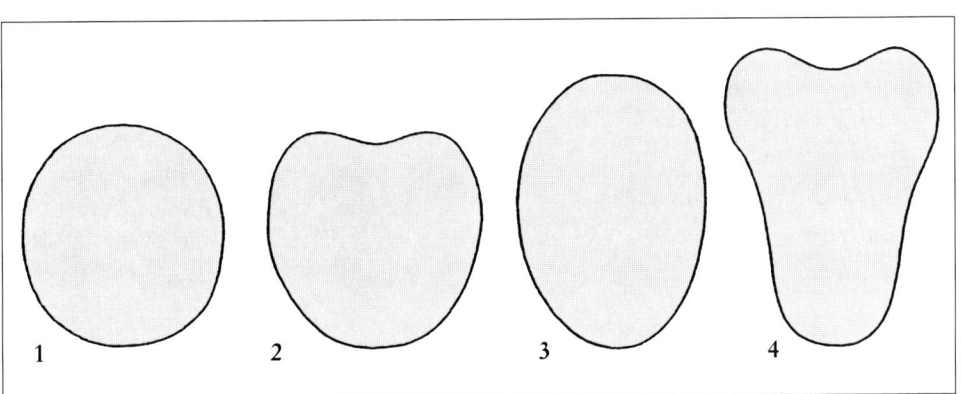

Typische Zungenformen von Laubfröschen: 1 rund, 2 herzförmig, 3 eiförmig, 4 lanzettförmig (nach Duellmann)

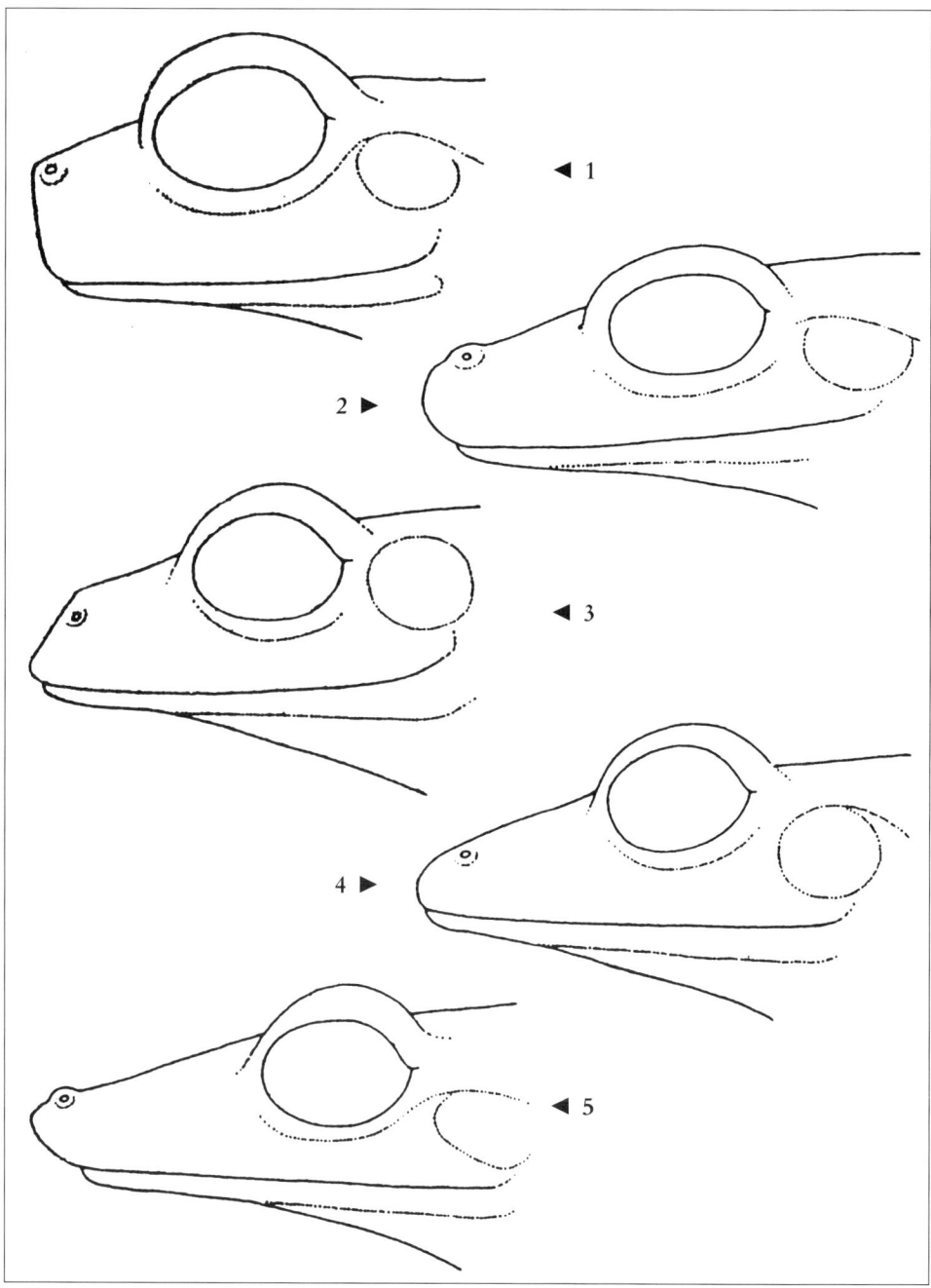

Typische Schnauzenformen von Laubfröschen: 1 stumpf, 2 abgerundet, 3 schräg, 4 zugespitzt, 5 vorgeschoben (nach Duellmann)

Eine kleine rotäugige Art aus Brasilien ist Weygoldts Laubfrosch *(Hyla weygoldti)*, fotografiert im Terrarium von Prof. Weygoldt

anderen Merkmalen als wichtige Kennzeichen für eine Art. Darum befassen sich Herpetologen, die in Museen oder im Freiland arbeiten, mit der Biometrik, das heißt, sie vergleichen statistisch Meßwerte vieler Individuen, um letztendlich Arten genau bestimmen bzw. neue beschreiben zu können. An den wichtigsten äußeren Merkmalen der Laubfrösche orientieren sich die Meßstrecken: Kopf-Rumpf-Länge, Kopflänge, Kopfbreite, Unterschenkellänge, Augengröße, Trommelfellgröße. Außer diesen Merkmalen dienen den modern

arbeitenden Systematikern aber auch biochemische und verhaltensbiologische Untersuchungen als Ergänzung ihrer morphologischen Ergebnisse.

Eine Vielzahl von Organen und Körperteilen spielt bei der richtigen Bestimmung von Laubfröschen eine Rolle. Die Schnauzenform beispielsweise erlaubt nicht nur das Ansprechen von Arten, sondern oft auch des Geschlechts. Schallblasen-, Augen-, Brunftschwielen- und Zungenform sind weitere wichtige Merkmale.

Im Vergleich zu manch anderen Fröschen besitzen Hyliden sehr gut

13

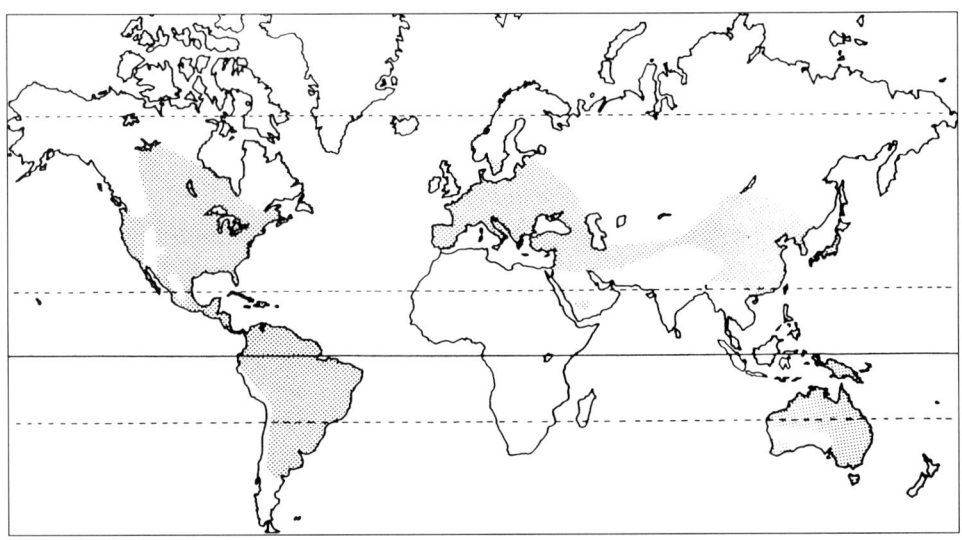

Verbreitung der Hylidae (aus Duellmann & Trueb)

ausgebildete Lungen. Für ihre viel Energie zehrenden Bewegungen benötigen sie insbesondere kurzzeitig eine hohe Leistungsfähigkeit. Dafür können aber die meisten Laubfrösche nicht tagelang unter Wasser bleiben wie andere Anuren, sondern nur für einige Stunden. Baumfrösche besitzen im allgemeinen weniger Rückennerven als bodenlebende Froschlurche.

Eine Vielzahl interessanter chemischer Substanzen wurde aus dem Hautschleim verschiedenster Laubfroscharten isoliert. Offensichtlich dienen einige als Schutzfilm gegen Bakterien- und Pilzbefall, andere schrecken Freßfeinde durch ihren bitteren Geschmack ab. Von manchen Stoffen, etwa den komplizierten Dermophinen (bei *Phyllomedusa*-Arten gefundenen Eiweißen), muß die bio-logische Funktion erst festgestellt werden. Sie erhielten fremdartige Namen wie Phyllomedusin, Phyllokinin, Sauvagin oder Rohdei-litorin. Andere Laubfrösche besitzen als Hautsekretbestandteile Serotonin und hämolytische Peptide, beispielsweise der mitteleuropäische Laubfrosch *(Hyla arborea)* und der nordamerikanische Veränderliche Laubfrosch *(Hyla versicolor)*. Letztere Art kann sich gegen Freßfeinde, etwa Spitzmäuse, mit Hilfe der bitteren Sekretbestandteile schützen. Das blutdrucksenkende Peptid Caerulein aus der Haut des australischen Korallenfingers *(Litoria caerulea)* dient in modifizierter Form seit mehreren Jahren der Humanmedizin als Kreislaufmittel. Das Patent dafür befindet sich in den USA unter der Nummer 4552865.

Veränderlicher Laubfrosch *(Hyla versicolor)* aus Nordamerika

Die Familie Hylidae entfaltete ihren größten Arten- und Formenreichtum in der Neuen Welt, insbesondere aber im tropischen Süd- und Mittelamerika.

Laubfrösche eroberten aber auch verschiedene Lebensräume Australiens, Tasmaniens, Neuguineas und der Salomonen. Wenige Arten bewohnen Europa, Teile Asiens einschließlich der gemäßigten fernöstlichen Inselwelt und ein kleines mediterranes Stück Afrikas.

Wie es zu dieser eigenartigen Weltverbreitung kam, gibt den Tiergeographen manches Rätsel auf. Wahrscheinlich wanderten die Hyliden während des Paläozäns von Südamerika als dem Ursprungskontinent nach Nordamerika. Erst im Miozän tauchten Laubfrösche in Europa auf. Sie gelangten offensichtlich über eine Landverbindung an der Behringstraße in die Alte Welt.

Trotz einiger kleiner morphologischer Unterschiede ähneln die Laubfrösche der Alten und Neuen Welt einander sehr; sie gehören oft sogar derselben Gattung an.

Kletternder Makifrosch *(Phyllomedusa hypochondrialis)*, in

## Lebensraum Baumkrone — notwendige Anpassungen

Mit hoher Perfektion haben sich die Laubfrösche in ihrer Jahrmillionen währenden Evolutionsgeschichte an das Leben im Geäst angepaßt. Viele Arten richteten sich so ausgezeichnet und vollständig in den Baumkronen der südamerikanischen Regenwälder ein, daß sie niemals zum Boden herabkommen. Nur einzelne Hyliden adap-

ier Bewegungsstudien (s. auch die folgende Doppelseite)

beim Sitzen an senkrechten Oberflächen zusätzliche Adhäsion bieten — Brust und Bauch sowie die Ventralseiten der Extremitäten. Die hauptsächliche Kraft beim Festsaugen an den Blättern und Zweigen wird von den Haftscheiben an den Laubfroschzehen gebildet. Nach dem Prinzip eines Gummisaugers entsteht ein Vakuum durch das Zusammenziehen der säulenartig angeordneten Epithelzäpfchen. Die einzelnen Zäpfchen sind aus sehr vielen kleinen haarförmigen Zellen zusammengesetzt, die wiederum eine Substruktur ausbilden. Bei den beiden nordamerikanischen Laubfroscharten *Hyla versicolor* und *H. chrysoscelis* konnte in einem Kraftmessertest die Wirkung der Haftscheiben an den Fingern unter einer Zugwirkung von 150 kp mit ca. 100 g bestimmt werden.

Die Haftfähigkeit wird durch die Beschaffenheit der Sitzoberfläche beeinflußt. Wasserfilme verringern unter Umständen die Ansaugwirkung der Haftscheiben. Die Flächen der

tierten sich sekundär an Lebensräume am und im Erdreich *(Pternohyla* aus Mexiko und Arizona, *Hyla cadaverina* aus Kalifornien sowie *Cyclorana* aus Australien) oder an ein teilweise aquatisches Leben *(Acris* im östlichen Nordamerika).

Grundvoraussetzung für die kletternde Fortbewegung ist das Vorhandensein von Haftorganen. Die meisten Laubfrösche nutzen außer ihren Haftzehen auch andere Körperteile, die

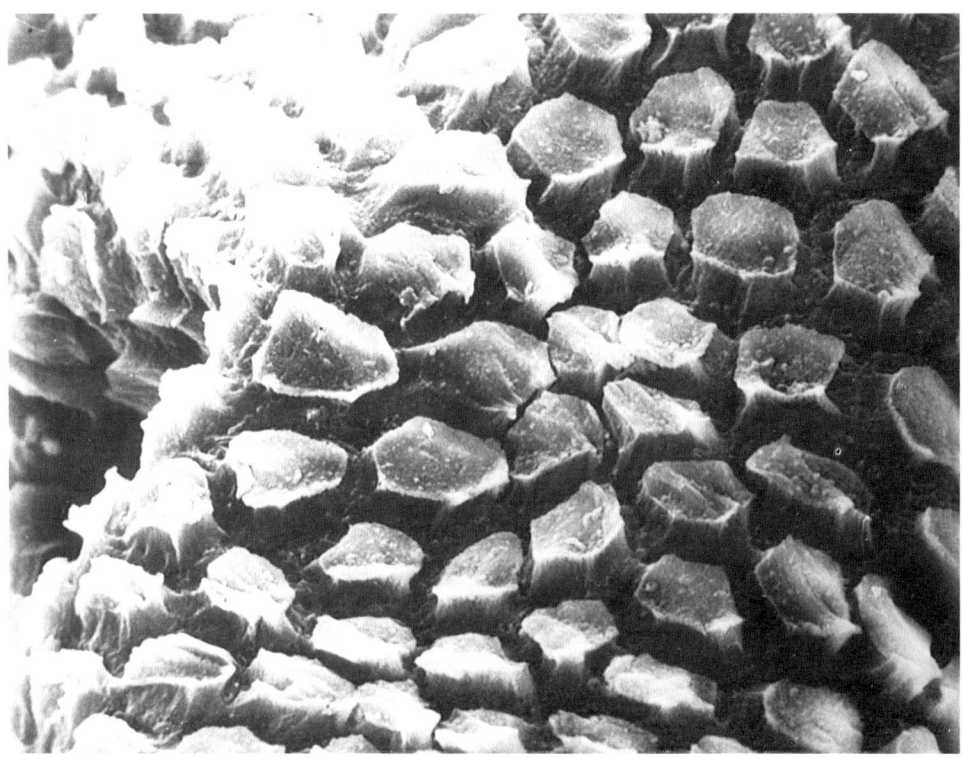

Rasterelektronenmikroskopische Aufnahme der Feinstruktur einer Haftscheibe des neotropischen Laubfrosches *Hyla vasta* (2000fache Vergrößerung)

Haftzehen des Karolina-Laubfrosches *(Hyla cinerea)* wurden mit 0,82 mm² am ersten Finger (13 000 Säulchen), 1,2 mm² am zweiten (19 060 Säulchen), 0,97 mm² am dritten (14 940 Säulchen) und 1,08 mm² am vierten Finger (16 880 Säulchen) bestimmt. So geringe Flächen (je Säulchen nur 65 µm²) halten also einen Laubfrosch an glatten senkrechten Gegenständen. Dieses biologische Prinzip erklärt die hohe Sicherheit der Hyliden beim Klettern in ihren Lebensräumen. Hinzu kommt ihre Fähigkeit, sich

schwebend über größere Entfernungen fortzubewegen. Dieses Verhalten, das bei einigen asiatischen Ruderfroscharten (Rhacophoridae) noch perfekter zu beobachten ist, zeigen auch *Agalychnis moreletii, Hyla miliaria* sowie der giftige Krötenlaubfrosch *(Phrynohyas venulosa)*.

Manche biologische Besonderheiten begünstigen zusätzlich die Lebensweise im Geäst. So besitzen einige Hyliden Stirnorgane, die auch als Parietalauge bezeichnet werden, mit deren Hilfe sie unabhängig von ihren Augen (beispielsweise während des Schlafes) optische Informationen aus der Umwelt empfangen können. Die Stirnorgane lassen sich als unpigmentierte Flecken etwa bei Königslaubfröschen *(Hyla regilla)* feststellen, die mit ihrer Hilfe Helligkeit oder Dunkelheit wahrnehmen.

Die meisten Laubfrösche führen ein dunkelheitsaktives Leben. Tagsüber ruhen sie in einer typischen Schlafstellung mit durch teilweise transparente Häutchen verschlossenen Augen. Während des Schlafes nehmen sie über das „Fenster" in ihrer Augenhaut insbesondere Bewegungen von

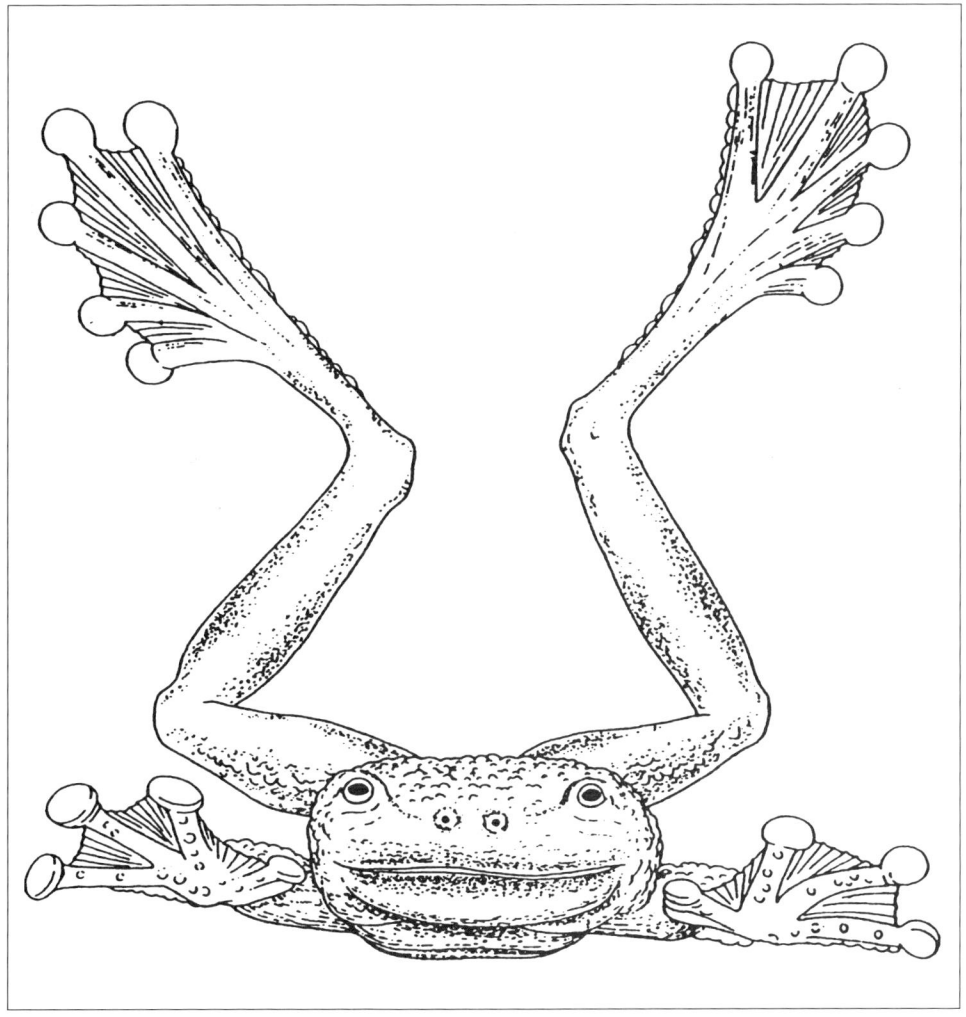

Schwebender mittelamerikanischer Laubfrosch *(Hyla milaris)* (nach Duellmann)

21

Schlafstellung bei einigen Makifröschen: *Phyllomedusa tomopterna*

Feinden oder Beutetieren wahr; je nach dem Grad der Erregung reagieren sie auf diese optischen Informationen mit raschem Erwachen. Während des Schlafens ist die Atmungsaktivität herabgesetzt. Australische Korallenfinger *(Litoria caerulea)* bewegen ihre Kehle im aktiven Zustand 182mal pro Minute, im Schlaf nur 44mal. 2 bis 16 Stunden lang schlafen Hyliden während des Tages. Haben sie gerade einen Partner zur Fortpflanzung gefunden, wenn die Morgendämmerung anbricht, so schlafen sie auch gemeinsam in der Paarungsumklammerung. Um geringe Verdunstungsoberfläche und eine Verringerung des Aufheizens durch die Sonnenstrahlen zu erreichen, nehmen viele Hyliden eine typische Schlafhaltung ein. Sie ziehen dabei ihre Extremitäten unter den Körper bzw. an die Flanken. Viele

*Agalychnis callidryas*

Makifrösche (Phyllomedusinae) bege-
ben sich dabei auf dünnen Zweigen
in eine vogelartige Sitzposition. Ein
ganz besonderes Verhalten entwickelten vier Makifroscharten *(Phyllomedusa boliviana, P. hypocondrialis,
P. iheringi* und *P. sauvagei)*, um die
Verdunstung während ihres Tagschla-
fes einzudämmen. Wenn der Morgen
anbricht, beginnen sie, ihren Körper
mit Hilfe aller Extremitäten in einem
sogenannten „Wiping-Verhalten" zu
bearbeiten. Dabei verreiben sie ein
in Rückenhautdrüsen produziertes
Lipid, das eine wachsartige Hülle
um die schlafenden Frösche ausbildet.
Dieselben Arten sind auch uricote-
lisch, das heißt, ein sehr hoher Anteil
ihrer Exkrete besteht aus Stickstoff-
abfällen, die normalerweise kaum
verdünnt mit dem Urin abgegeben
werden. Auf diese Weise kann

23

*Pachymedusa danicolor*

wiederum eine Wassereinsparung erfolgen.

Wie alle anderen Anuren, nehmen auch die Laubfrösche neues Wasser außer mit den Nahrungstieren über den Darm auf, indem sie sich in Was-seransammlungen setzen. Viele Hyliden legen ihre Eier traubenförmig an Pflanzenteilen ab. Auch hier funktioniert der Verdunstungsschutz perfekt: Manche Laubfrösche bedecken ihren Laich mit dem Körper, andere

„Wiping-Verhalten" beim Warzigen Lemurenfrosch *(Phyllomedusa sauvagei)* mit den Vorder- und Hinterextremitäten (nach Blaylock, Ruibal & Platt-Aloia)

Portrait eines Warzigen Makifrosches *(Phyllomedusa sauvagei)*

befeuchten ihn in regelmäßigen Abständen, einige legen zusätzliche Gallerthügelchen zwischen die Eier, um Temperatur und Feuchtigkeit relativ konstant zu halten, und falten danach die Blätter um ihre Gelege zusammen.

Die arboricole (baumbewohnende) Lebensweise der Laubfrösche bedingt eine typische Ernährungsweise. Die meisten Hyliden fressen hauptsächlich Fluginsekten, wobei aufgrund der Aktivitätszeit Nachtfalter, diverse Insektenlarven und Grillen bevorzugt werden. Im Terrarium nehmen sie aber auch andere Nahrungsobjekte an, mit denen sie in der Natur kaum zusammentreffen. So fand man in Mägen des Karolina-Laubfrosches *(Hyla cinerea)* vorwiegend Nachtfalter, im Labor zog er jedoch Stubenfliegen vor. Die Bewegungsweise der Beute spielt für die Auswahl eine wichtige Rolle, da jede Laubfroschart auf ein wenig andere Schlüsselreize bei der Nahrungssuche reagiert.

Die Larven der meisten Hyliden ernähren sich pflanzlich, das heißt, sie fressen als Filtrierer einzellige, planktontische Algen, oder sie raspeln mit ihren Hornkiefern Pflanzenteile ab. Kaulquappen mancher Arten, bei-

Australischer Wasserreservoirfrosch *(Cyclorana novaehollandiae)*

spielsweise des Veränderlichen Laub-frosches *(Hyla versicolor)*, speziali-sierten sich auf Pollen.

Durch die unterschiedlichen Brut-pflegeformen kam es aber auch zu außerordentlich interessanten Spezia-lisierungen bei Laubfroschlarven, auf die in einem späteren Kapitel einge-gangen wird.

Nicht nur die Hyliden ernähren sich räuberisch, sie werden auch die Beute anderer Tiere. Manche Arten, beispielsweise die Neuguinea-Riesen-laubfrösche *(Litoria infrafrenata)*, sind Kannibalen und verzehren einen gro-ßen Teil ihrer vielen tausend eigenen Nachkommen. Auch australische Wüstenlaubfrösche *(Cyclorana)* und mittelamerikanische Horn-Laubfrö-sche *(Hemiphractus)* fressen andere Hyliden. So fand man im Magen eines *Hemiphractus probocideus* 15 Frösche aus 12 Arten. Nachtaktive, in den Baumkronen lebende Laubfrösche, wie beispielsweise der Rotaugenfrosch *(Agalychnis callidryas)*, werden häufig die Beute der Phyllomedusen-Fleder-maus *(Trachops cirrhosus)*, die sich auf den Fang von Baumfröschen speziali-sierte. Aber auch Waschbären *(Pro-cyon lotor)*, Skunke *(Mephitis)* und Nachtaffen *(Aotus)* und die altwelt-

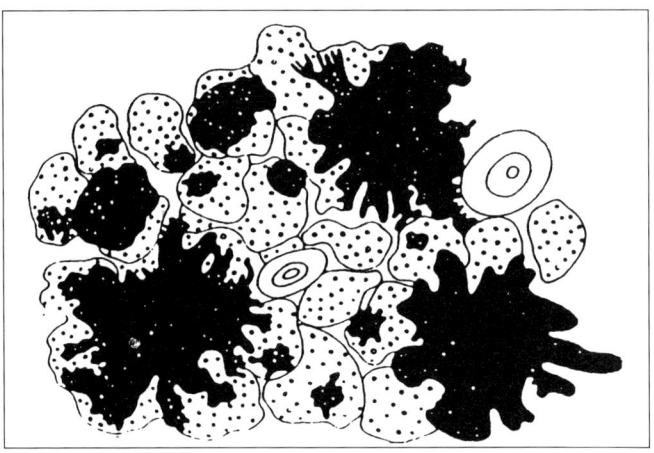

Farbträgerzellen des schwarzen Pigments Melanin (Melanophoren) und gelbe Farbzellen (Xanthophoren) in einem Stück Haut des Mitteleuropäischen Laubfrosches *(Hyla arborea)* (nach Herrmann & Gerlach)

trägerzellen die Anordnung der Pigmente, so daß neue Zeichnungsmuster und Färbungen entstehen. Der ebenfalls zu beobachtende morphologische Farbwechsel, das heißt eine Wanderung und damit Umlagerung von Pigmentzellen in der Haut, dauert lange und hat andere Funktionen (Ausfärbung im Laufe der Ontogenese, Anlegen eines Hochzeitskleides in der Fortpflanzungsperiode).

liche Fledermausgattung *Megoderma* ernähren sich unter anderem von Laubfröschen. Viele Schlangenarten bevorzugen Amphibien. So werden sehr häufig Veränderliche Laubfrösche *(Hyla versicolor)* Beute von *Thamnophis cyrtops;* Strumpfbandnattern *(Thamnophis sirtalis)* sowie *T. radix* ernähren sich nicht selten von Grillenfröschen *(Acris crepitans).*

Viele Laubfrösche sind durch ihre mimetische Zeichnung und das im Fall von Gefahr sehr ruhige Verhalten charakterisiert. Sie verschmelzen so mit ihrer Umgebung und fallen einem Feind weniger auf. Die Fähigkeit des sehr raschen, hormongesteuerten, physiologischen Farbwechsels kommt ihnen dabei zugute. In schneller Reaktion ändert sich innerhalb der Farb-

Oft flüchten die Laubfrösche erst im letzten Augenblick vor dem Zugriff ihrer Freßfeinde. Dann bewegen sie sich in schnellen Sprüngen fort, um plötzlich zu verharren und so ihren Verfolger zu irritieren. Der nordamerikanische Kiefernfrosch *(Hyla femoralis)* schützt sich im dichten Nadelkissen seines Lebensraumes, der Koniferenzweige. Die brasilianischen Laubfrösche der Gattung *Corythomantis* springen in Bromelientrichter und verschließen diese über sich, indem sie die Blätter zusammenziehen.

Fast alle Hyliden spritzen gelegentlich bei einer Flucht einen Teil des Inhalts ihrer Harnblase auf den Feind,

Nordamerikanischer Kiefernlaubfrosch *(Hyla femoralis)*

um ihn zu schockieren. Gestreifte Hornlaubfrösche *(Hemiphractus fasciatus)* springen mit weit geöffnetem Maul, wobei die orangefarbene Zunge vorgestreckt wird, auf den Feind zu und beißen ihn sogar gelegentlich. Die meisten Hyliden wehren sich allerdings passiv. Oft helfen ihnen dabei Körperform, -zeichnung und -färbung.

Von vielen Laubfröschen, beispielsweise einigen Makifröschen *(Phyllomedusa)* oder dem Veränderlichen Laubfrosch *(Hyla versicolor),* ist das Aussenden eines üblen Körpergeruchs bekannt. Auch das „Unkenreflex" genannte Anziehen der Extremitäten und Konvexwerden des Bauchbereiches trifft man bei Hyliden, etwa bei *Pternohyla fodiens.* Zwei Gattungen, die Panzerkopflaubfrösche *(Triprion)* und *Diaglena,* konzentrierten besonders viel Knochensubstanz im Schädeldach, was zu einer extrem widerstandsfähigen, fest verwachsenen Kopfabdeckung führte. Sie verkriechen sich in Astlöchern, die sie mit ihrem Schädeldach fest verschließen, so daß alle Weichteile des Körpers geschützt sind. Die Linien-Laubfrösche *(Lithodytes lineatus)* imitieren in Färbung und Zeichnung perfekt die stark giftigen Baumsteigerfrösche *Allobates femoralis,* mit denen sie gemeinsam vorkommen. So nutzen diese ungiftigen Laubfrösche also in Form einer echten Mimikry die Toxizität ihrer Nachbarart, um nicht angegriffen zu werden. Mimese, also die weitgehende Anpassung an den Lebensraum, trifft man bei Laubfröschen

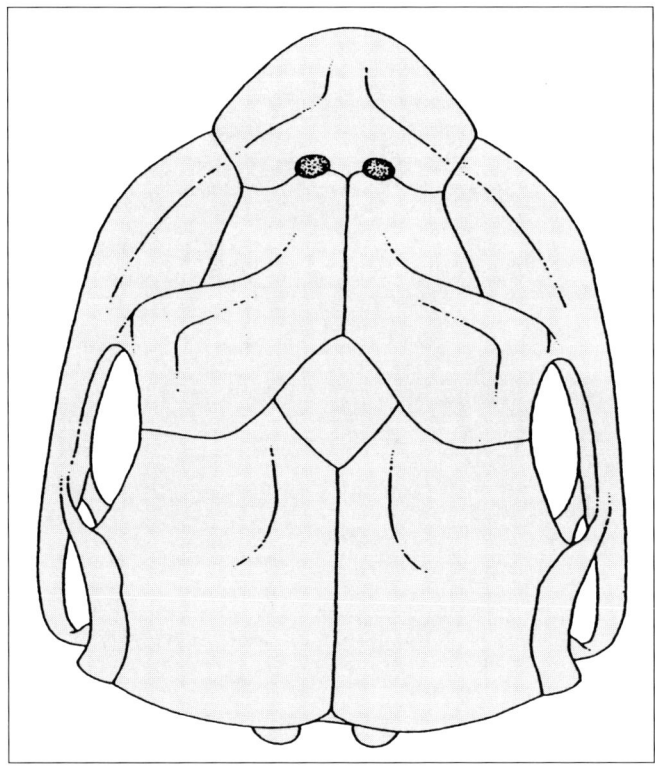

Schädel des Panzerkopflaubfrosches *Triprion petasatus* (nach Duellmann & Trueb)

überaus häufig — beispielsweise sind alle Arten der Unterfamilie Phyllomedusinae Blattimitatoren, Lancasters Laubfrosch *(Hyla lancasteri)* und Marmorlaubfrosch *(Hyla marmorata)* fallen an bemooster oder mit Flechten bewachsener Baumrinde durch ihre grün gewarzten bzw. gemusterten Rückenseiten kaum auf. Auch der hübsche kleine Frosch *Hyla sarayaquensis* imitiert Flechtenmuster durch seine aparte Körperzeichnung. Bei Tag und bei Nacht können sich manche Frösche, so auch *Hyla rhodopepla,* in Färbung und Zeichnung

Schädeldach von *Trachycephalus atlas*

an ihre Sitzwarte angleichen. Diese perfekte scheinbare Verschmelzung mit der Umwelt nennt man Toposynchromatismus.

Während der flottierende Laich sich im Wasser paarender Laubfroscharten (zum Beispiel *Smilisca)* vor allem von Wasservögeln, Fischen und Insektenlarven verzehrt wird, sind die Eier der blattlaichenden Makifrösche (Phyllomedusinae) insbesondere einem speziellen Freßfeind, der Katzenaugennatter *(Leptodeira),* ausgesetzt. Sie hat sich auf den Verzehr der traubenartigen Gelege spezialisiert. In freiem Wasser bilden wiederum Fische und Insektenlarven die Hauptbedrohung für die Kaulquappen der Laubfrösche. Sehr unterschiedliche Feinde treten je nach Körpergröße und Entwicklungsstadium der Larven auf. Die Kaulquappen jeder Hylidenart entwickelten andere Verhaltensweisen und Aufenthaltsorte im Laichgewässer. Einige zeigen echtes Schwarmverhalten, manche sind positiv phototaktisch und drängen an die Wasseroberfläche zum Licht, andere bevorzugen

**Panzerkopflaubfrosch** *Triprion spatulatus*

die Dunkelheit des Bodengrundes. Jede weicht so zumindest einigen Freßfeinden aus und besetzt eine eigene Nische im Gewässer. Nur von Kaulquappen des brasilianischen Geographischen Laubfrosches *(Hyla geographica)* ist bekannt, daß sie auch in Lagunen mit einem Salzgehalt von bis zu 4,5 % aufwachsen können.

Der südamerikanische Laubfrosch *Hyla sarayaquensis* imitiert Flechtenmuster

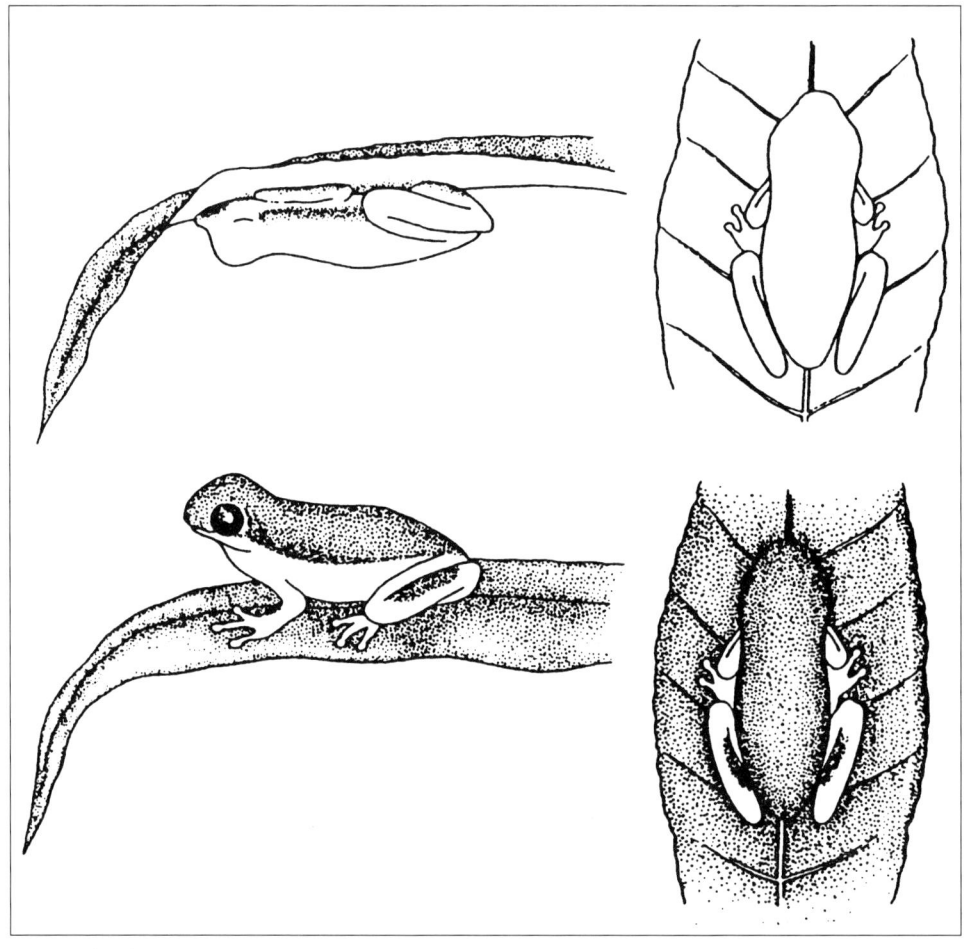

*Hyla rhodopepla* an seiner Sitzwarte bei Tage (oben) und bei Nacht (unten) — perfekter Toposynchromatismus (nach Schlüter)

Eine Reihe von Hylidenarten bewohnt die gemäßigten Breiten. Im Unterschied zu den Laubfröschen des tropischen Regenwaldes, die nahezu ständig aktiv sind, mußte sich ihr Jahresrhythmus an die klimatischen Bedingungen anpassen. Eine Winterruhe während der kalten Jahreszeit, die meistens in frostfreien Verstecken an Land vorgenommen wird, gehört ebenso zum stets wiederkehrenden Lebenszyklus wie die immer im Frühjahr stattfindende Laichzeit.

Die europäischen Arten, wie Mittelmeerlaubfrosch *(Hyla meridionalis)*, Savignys Laubfrosch *(H. savignyi)* und Mitteleuropäischer Laubfrosch *(H. arborea),* bevorzugen stark

Mittelmeerlaubfrosch *(Hyla meridionalis)*

Grillenfrosch *(Acris crepitans)*

ren. Die Tageswanderungen der meisten Laubfrösche sind außerhalb der Laichzeit nur gering. Bei Andersons Laubfrosch *(Hyla andersoni)* wurden täglich Strecken von 4 bis 26 m zurückgelegt. Dabei muß allerdings beachtet werden, daß die Tiere ca. 10 m hoch in Bäumen leben und nur durch weite Sprünge größere Distanzen überwinden können.

besonnte, meist vegetationsreiche, permanent vorhandene Laichgewässer.

Der nordamerikanische Grillenfrosch *(Acris crepitans)* ist in einigen Gebieten seines Areals auch im Winter aktiv, in anderen ruht er wenige Wochen lang in Uferhöhlungen nahe seines Wohngewässers. Bei Temperaturen von 5 bis 15 °C verlassen die Frösche, wie auch die Chorfrösche *(Pseudacris triseriata)*, ihre Winterquartiere. Im Sommer sind sie bei 25 °C am aktivsten. Der Canyon-Frosch *(Hyla arenicolor)* muß je nach Jahreszeit sehr extreme Temperaturen überstehen. Er reguliert seine Körpertemperatur hormonell mit Hilfe des Lipidgehaltes seiner Membranstruktu-

Eine wenig beachtete Erscheinung in der Biologie trifft auch auf die Laubfrösche zu: In kaum erforschten, relativ abgegrenzten und kleinen Lebensräumen, die nicht Verbindungen zu ähnlichen, benachbarten Biotopen aufweisen, leben kleine Populationen von Tieren, die manchen bisher bekannten Formen systematisch sehr nahestehen, jedoch offensichtlich unabhängige Arten sind. Diese „seltenen" Species werden auch „kryptische" Arten genannt. In Peru bilden einige Andenbereiche geradezu ideale Bedingungen für die Evolution derartiger Species bei Beutelfröschen. So wurden beispielsweise die kryptischen Arten *Gastrotheca lateonota* und *G. rebeccae* erst jüngst beschrieben.

Canyon-Frosch *(Hyla arenicolor)*

# Vom Laubfroschglas zur elektronischen Klimavitrine

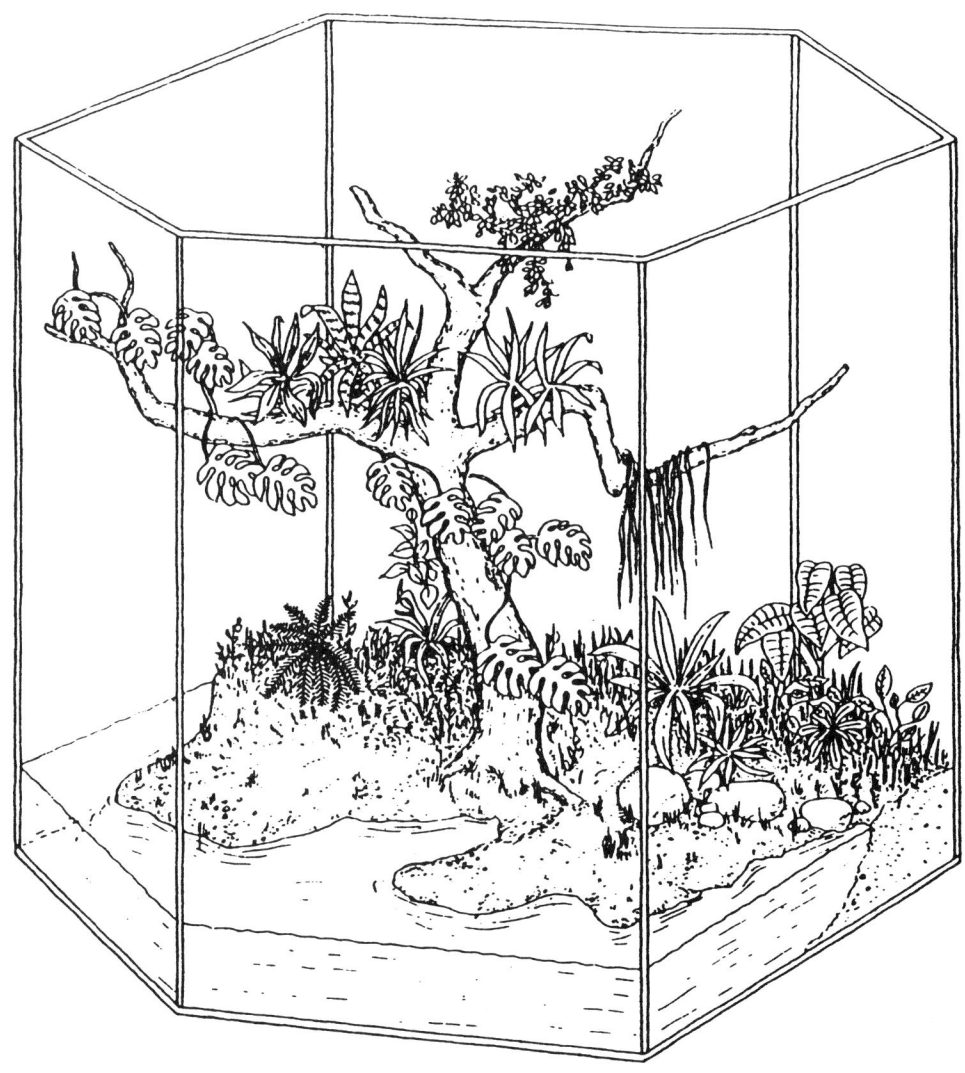

Beispiel für ein originell eingerichtetes Laubfroschterrarium (nach de Eikakker)

### *Wetterpropheten und Glücksbringer*

Schon vor langer Zeit entstand in Europa, aber auch auf anderen Erdteilen, der Glauben, Laubfrösche könnten das Wetter voraussagen. Obwohl sie dazu nicht in der Lage sind, hielt sich die Mär bis in unsere Zeit, nennt man doch sogar Meteorologen gelegentlich „Wetterfrösche".

In der Mitte des sechzehnten Jahrhunderts schrieb Conrad Gesner in seinem berühmten Tierbuch: „Der merteil der alten Scribenten haltend, so die fröschen über die massen laut schreiend, sollen sy ein ungewitter und regen bedeuten." Manche Menschen meinen auch, daß glänzende Laubfrösche sonniges und matte regnerisches Wetter prophezeien würden. Zu Pfingsten quälte und köpfte man früher in einigen Gegenden Deutsch-

oben und unten:

Froschhäuschen aus einem Angebotskatalog vom Anfang dieses Jahrhunderts (nach Kabisch)

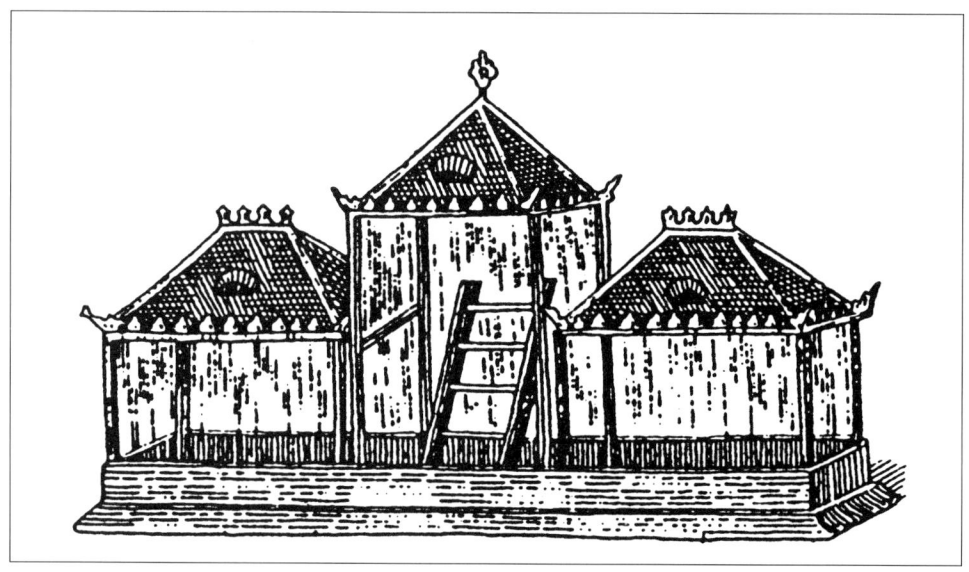

Froschhäuschen aus einem Angebotskatalog vom Anfang dieses Jahrhunderts (nach Kabisch)

lands Frösche, um anhand der dabei von ihnen abgegebenen Schmerzschreie die Wettersituation für den Sommer zu bestimmen. Am häufigsten wurden aber Laubfrösche in Gläsern mit Leitern oder gar industriell zum Anfang dieses Jahrhunderts gefertigten Froschhäuschen gehalten. Je nach Sitzort der Tiere sollten Regen oder Sonne vorherrschen. Glücklicherweise sind die Froschgläser mittlerweile aus der Mode gekommen, stellten sie doch eine sehr enge, unpassende Behausung für die klettergewandten Amphibien dar.

In anderen Kulturkreisen spielten Laubfrösche bei Kulthandlungen eine Rolle. In Flechtfiguren mit Laubfroschgestalt sehen die Kewa von Papua-Neuguinea Ahnengeister, die sie vergöttern. Als Trophäendarstellungen lassen sich die Laubfroschbilder und tönernen Plastiken an der Chibcha-Keramik (Nikaragua und Ekuador) erklären. In den laubfroschreichsten Ländern Panama und Kostarika wurden Hylidenabbilder aus Gold gegossen. Sie zeigten Doppelfrösche mit breiten Zehenspannhäuten und dienten als Schmuckanhänger.

Im Wandel der Zeiten veränderten sich Grund und Art der Laubfroschhaltung. War früher der Aberglaube maßgebend, spielen heute das vivaristische Interesse und leider auch manchmal Prestigedenken eine Rolle. Allen Froschhaltern wird aber schon nach kurzer Zeit klar, daß einige wesentliche Grundvoraussetzungen für die Pflege von Laubfröschen gegeben sein müssen. Über diese sollen die folgenden Abschnitte informieren. Einige

gute Erfolge sind bereits zu verzeichnen, wie die folgende kleine Statistik über Altersrekorde von Laubfröschen, die in Terrarien gehalten wurden, zeigt:

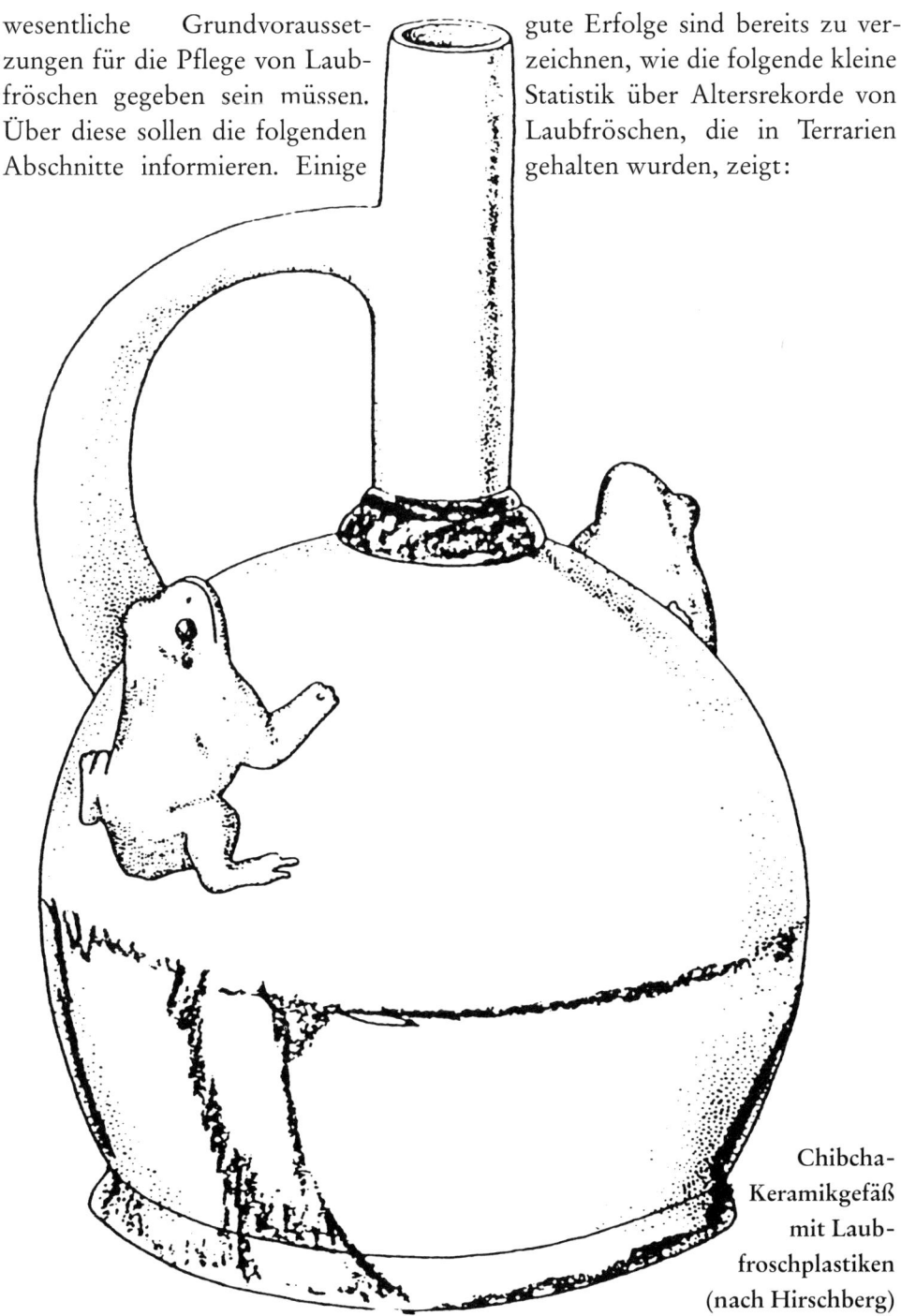

Chibcha-
Keramikgefäß
mit Laub-
froschplastiken
(nach Hirschberg)

| | |
|---|---|
| *Agalychnis litodryas* | 3 Jahre, 6 Monate |
| *Hyla arborea* | 14 Jahre |
| *H. avivoca* | 2 Jahre, 3 Monate |
| *H. cadaverina* | 4 Jahre |
| *H. chrysocoelis* | 6 Jahre, 6 Monate |
| *H. cinerea* | 6 Jahre, 6 Monate |
| *H. cinerea* | 6 Jahre, 2 Monate |
| *H. crepitans* | 4 Jahre, 11 Monate |
| *H. femoralis* | 2 Jahre, 6 Monate |
| *H. gratiosa* | 7 Jahre, 2 Monate |
| *H. microcephala* | 2 Jahre, 11 Monate |
| *H. pellucens* | 3 Jahre, 6 Monate |
| *H. rosenbergi* | 3 Jahre, 6 Monate |
| *H. squirella* | 8 Jahre, 6 Monate |
| *H. vasta* | 6 Jahre, 7 Monate |
| *Litoria caerulea* | 16 Jahre, 8 Monate |
| *Ololygon quinquefasciata* | 3 Jahre, 6 Monate |
| *Osteolpilus septentrionalis* | 13 Jahre |
| *Pachymedusa dacnicolor* | 8 Jahre, 7 Monate |
| *Phyllomedusa bicolor* | 7 Jahre, 7 Monate |
| *Pternohyla fodiens* | 5 Jahre |
| *Smilisca baudini* | 6 Jahre, 4 Monate |
| *S. phaeota* | 3 Jahre, 6 Monate |
| *Triprion spatulatus* | 8 Jahre, 10 Monate |

Nur zwei Hyliden sind im internationalen Maßstab geschützt und dürfen nicht gehandelt werden: Andersons Laubfrosch *(Hyla andersonii)* (im Red Data Book als selten angegeben) und Illionis Streckers Chorfrosch *(Pseudacris streckeri illionensis)*, von dem der Zustand der Population und damit der nötige Schutzstatus als unsicher gelten.

Von den sehr vielen Laubfroscharten wurde ein hoher Prozentsatz der in Menschenobhut gelangten Species bereits erfolgreich gezüchtet. Wenn auch hie und da einmal regional Naturschutzgesetze die Haltung einzelner Arten verbieten, bleibt doch immer noch eine große Auswahl für die Terrarianer. Aber auch nach mehreren Terrariengenerationen durch

Nachzucht erhaltene, ge-
schützte Laubfroscharten
dürfen mit einer entspre-
chenden Genehmigung ge-
pflegt und vermehrt werden,
nur der Handel mit ihnen
verbietet sich.

Laubfroschbiotope:
Laichbiotop von *„Hyla varie-gata"* im norditalienischen
Reservat „Le Bine"

Jungtiere des Mitteleuropäischen Laubfrosches *(Hyla arborea)* im Terrarium

Laubfroschbiotope
oben:
Lebensraum von *Hyla annectans* in der Nähe der chinesischen Stadt Xichan;

rechts:
norddeutscher Feldsoll als Paarungsort von *Hyla arborea*;

links:
Weidicht in der Amurebene bei Chabarovsk — Lebensraum von *Hyla japonica*

Riesen-Lemurenfrösche *(Phyllomedusa bicolor)* benötigen geräumige Terrarien mit Klettermöglichkeiten.

### Laubfroschterrarium und Wohnzimmervitrine

Je nach Verwendungszweck lassen sich unterschiedliche Techniken für den Terrarienbau anwenden. Kommt es nicht so sehr auf die Ästhetik, sondern mehr auf praktische, standardisierbare Handhabung — etwa für Zucht- und Laborterrarien — an, eignen sich sehr gut Klebetechniken mit Glas und Leichtmetall. Attraktive

Wohnzimmervitrinen sollten mit geschliffenem Floatglas und farblosem Kautschukkleber gebaut werden. Da es sich bei den Bewohnern dieser Behälter um kletternde Baumfrösche handelt, wählt man hohe, geräumige Terrarienformate. Je nach Art ist eine Gazebelüftung, die in eine Glasaussparung eingeklebt wird, mehr oder weniger groß anzulegen.

Es empfiehlt sich, größere Gazeflächen an Deck- und Seitenscheiben so anzuordnen, daß zwar eine Durchlüftung, aber kein permanenter Luftzug auftritt. Sollten einmal mehr feuchtigkeitsliebende Hyliden gehalten werden, so legt man Glasscheiben auf die Gazeflächen. In den Baumkronen der tropischen Regenwälder vorkommende Laubfrösche, insbesondere viele Makifrösche (Phyllomedusinae) benötigen tagsüber relativ trockene Terrarien, bei ihnen empfiehlt sich eine nahezu vollständige Behälterabdeckkung aus Gaze. Die Maschenweite richtet sich stets nach den Körpermaßen der kleinsten Futtertiere. Sollen beispielsweise Essigfliegen an Jungfrösche verfüttert werden, so eignet sich gut sehr feinmaschige Müllergaze. Die Frontscheibe kann durch angeklebte Scharniere und einen Magnetverschluß leicht aufklappbar gestaltet sein, um die Bedienung des Terrariums zu erleichtern. Viele Hyliden lassen sich über einem vollständig mit Wasser bedeckten Behälterboden ausgezeich-

net halten. Darum sollte das Terrarium gerade an der Grundscheibe wasserdicht verklebt sein.

Laubfrösche benötigen stets eine ausreichende Beleuchtung. Sie lieben es, sich zu sonnen und dabei Licht und Wärme zu fühlen. Aus diesem Grunde müssen die herkömmlichen Beleuchtungsquellen wie Leuchtstoffröhren oder Quecksilberdampflampen durch Halogenstrahler oder starke Glühlampen ergänzt werden. Sämtliche Beleuchtungskörper bringt man aus Sicherheitsgründen außen am Terrarium an.

Das Beleuchtungsregime läßt sich am besten mit Hilfe einer Zeituhr regulieren, dabei fördert ein allmähliches Ein- und Ausschalten (bei Glühlampen und Strahlern über ein Potentiometer) das Wohlbefinden der Tiere. Dieses System kann bei Hyliden gemäßigter Breiten auch an die Lichtverhältnisse der jeweiligen Jahreszeit angepaßt werden (Dunkelheitsschalter). Ebenso ist eine Temperaturregelung über Außentemperaturfühler möglich, indem man zusätzliche Heizquellen gelegentlich einschaltet (Wärmeplatten unter den Terrarien).

Zucht- und Laborterrarien benötigen bei spartanischer Einrichtung nur wenige Kletteräste und robuste Grünpflanzen als Sitzorte der Laubfrösche, der Boden ist zumeist vollständig mit Wasser bedeckt. Auch Beregnungsbecken, wie sie für die Stimulation des

Schüsselrückenlaubfrösche *(Fritziana goeldii)* bevorzugen tagsüber Versteckplätze, die ihnen im Terrarium geboten werden müssen. (fotografiert im Terrarium von Prof. Weygoldt)

Fortpflanzungsverhaltens benutzt werden, sollten so eingerichtet sein. Mit Hilfe einer Umwälzpumpe, die wiederum von einer Schaltuhr gesteuert ist, läßt sich ein künstlicher Regen über ein mit Düsen oder einfachen Bohrungen versehenes, an der Deckscheibe angebrachtes Plastikrohr realisieren. Man kann aus dem bodenbedeckenden Wasser des Terrariums die groben Schmutzteilchen herausfiltern, um ein Verstopfen der Düsen zu verhindern. Ist eine Nachzucht gelungen, so werden Eier bzw. Larven in einen Aufzuchtbehälter überführt.

Dafür eignen sich flache Aquarien oder Plastikbehälter (auch große Schüsseln oder Badewannen), die einen relativ niedrigen Wasserstand mit guter Durchlüftung und Filterung aufweisen sollten.

Für die dekorative Gestaltung von Schaubehältern in Wohnzimmern oder Expositionen nutzt man Pflanzen, die möglichst aus dem Lebensraum der gehaltenen Laubfroscharten stammen.

Viele allgemein bewährte Zimmerpflanzen eignen sich, zum Beispiel *Monstera, Philodendron, Scindapsus, Piper,* viele Farne und andere Gattungen. Hier sollte jedem Terrarianer ein weites Experimentierfeld offen bleiben. Einige Laubfrösche benötigen allerdings spezielle Pflanzengruppen, um sich wohlzufühlen oder sich vermehren zu können. So sind Brome-lien beispielsweise für Bromelien-laubfrösche *(Hyla leucophyllata, H. ebraccata* und andere) essentiell. Einige Makifrösche falten Blätter um ihre Gelege; hierfür verwendet man im Terrarium am besten *Philodendron* oder *Piper.* Ein Terrarium wirkt erst nach mehreren Monaten naturnah in seiner Einrichtung. Erst dann, wenn winzige Farne und Moose selbständig die Kletteräste, Steinaufbauten und andere Gegenstände überwuchern, entsteht eine geheimnisvolle, wunderschöne kleine Welt im Glasbehälter. Durch hohe Luftfeuchtigkeit (Einbau eines künstlichen Bachlaufes) läßt sich dieser Vorgang beschleunigen. Auch einige höhere Pflanzen, etwa kleine kletternde *Ficus*-Arten, überwuchern rasch Rückwände und Steine.

Ein attraktiv gestaltetes Terrarium benötigt selbstverständlich einen gegen Fäulnis unempfindlichen Bodenaufbau, in dem sich der Wasserbehälter integrieren läßt. Mit Kies bedecktes Schaumpolystyrol oder Steinaufbauten bewährten sich ausgezeichnet. Zur Boden- und Rückwandgestaltung wurden neuerdings auch Ausschäumsubstanzen getestet. Sie bedürfen zunächst einer wochenlangen Wässerung und Belüftung, bevor sie als biologisch unbedenklich angesehen werden können. Andere Varianten für den Bau von Terrarienrückwänden sind das Modellieren und Streichen von Polystyrolplatten, das

*Ololygon heyeri* und andere Arten dieser Gattung benötigen gut bepflanzte Behälter. (fotografiert im Terrarium von Prof. Weygoldt)

Robertmertens' Laubfrosch *(Hyla robertmertensi)*

Ankleben von Korkstücken oder ein Beschichten mit Silikonkleber bzw. einem Gemisch aus Holzkaltleim, Latex und etwas Zement, auf dem sich schließlich unterschiedliche Gestaltungselemente (Korkgranulat, Sand, Kies, Erde, Laub, Wurzeln und Steine) aufkleben lassen.

Erst das optische Zusammenwirken der Dekoration, einer guten, nicht zu dichten Bepflanzung, eines originell geformten Behälters mit geschickter Beleuchtung und die Anordnung im Wohnraum machen die Ästhetik einer Vitrine für tropische Laubfrösche aus. Vor einem „Überladen" mit Pflanzen und Versteckplätzen sei gewarnt, da sich sonst die Frösche leicht der pflegerischen Kontrolle entziehen.

Durch Gestalten unterschiedlicher Lebensbereiche (Hell- und Dunkelzonen, feuchte und trockene Stellen, Wärmequellen und kühlere Plätze) kann man allen Bedürfnissen der Tiere entsprechen und gerade terraristisch wenig bekannte Arten auf ihre Lebensansprüche hin testen.

### Laubfrösche
### in Labor- und Schauterrarien

Neben den besonders großwüchsigen Riesenkröten, Horn- und Ochsenfröschen werden in Schauanlagen von Tiergärten, Museen und Vivarienhäusern gern die attraktiven und „niedlichen" Laubfrösche repräsentiert.

Als Standardarten haben sich die stets gut sichtbaren, wachsartig glänzenden Korallenfinger *(Litoria caerulea)*, Neuguinea-Riesenlaubfrösche *(L. infrafrenata)*, Kuba-Laubfrösche *(Osteopilus septentrionalis)* sowie nordamerikanische Hyliden bewährt. Seltener sieht man die streng nachtaktiven Makifrösche (Phyllomedusinae) oder kleinere tropische oder paläarktische Arten. Die Bevorzugung größerer Laubfrösche hat zunächst die einfache Fütterung, aber auch bessere optische Wirkung in den Schauterrarien als Ursache. Mittlerweile konnten aber durch moderne Einrichtungstechnik oder regulatorische Kniffe

Kubalaubfrösche *(Osteopilus septentrionalis)* in zwei unterschiedlichen Zeichnungsvarianten (oben und rechts)

Rotaugenfrosch *(Agalychnis callidryas)*, oben Männchen und rechts Weibchen

Verbesserungen für die Präsentation auch kleinerer und nachtaktiver Arten geschaffen werden. Terrarien lassen sich so einrichten, daß zwar ausreichend Bepflanzung und Dekoration vorhanden, die Versteckplätze der Frösche jedoch einsehbar sind. Eine Besucherinformation über die Lebensweise der Hyliden hilft zusätzlich, ein geduldiges Spähen nach den Tieren zu fördern.

Die meisten Anuren sind nicht in der Lage, kurzwelliges Licht wahrzunehmen. Dafür hat sich für manche nachtaktive Arten das Einrichten von Nachtterrarien bewährt. Ihr Prinzip besteht darin, Tag und Nacht umzukehren, indem die Behälter nachts hell und am Tage während der Öffnungszeiten der Schaueinrichtung mit kurzwelligem UV-Licht (ähnlich dem Mondlicht) beschienen werden. Manche Laubfrösche reagieren sehr gut auf diese Umkehrung ihrer Aktivitätszeit, andere eignen sich nicht für derartige Präsentationsformen. Vor dem end-

gültigen Einsetzen der Frösche in die Nachtterrarien sollte ein individueller Test auf die physiologische Verträglichkeit einer solchen Umstellung erfolgen, da unter Umständen jedes einzelne Tier anders reagiert. Sehr gute Ergebnisse erzielte man beispielsweise im Amphibien-Vivarium des Naturhistorischen Museums Schloß Bertholdsburg zu Schleusingen mit folgenden Arten:

— Giftiger Krötenlaubfrosch *(Phrynohyas venulosa)*,

— Kuba-Laubfrosch *(Osteopilus septentrionalis)* und

— Roter Australien-Laubfrosch *(Litoria rubella)*.

Auch einige Rotaugenfrösche *(Agalychnis callidryas)* ließen sich ausgezeichnet auf den neuen Rhythmus umstellen, andere Individuen vertrugen diese Prozedur nicht. Für Nachtterrarien sind z. B. Colima-Gespenstfrosch *(Pachymedusa dacnicolor)* oder Warziger Lemurenfrosch *(Phyllomedusa sauvagei)* nicht zu empfehlen.

Jungtier des Königslaubfrosches *(Hyla regilla)*

In großem Umfang werden Laubfrösche in biologischen Laboratorien wegen ihrer interessanten ethologischen und entwicklungsphysiologischen Eigenschaften erforscht. In Labortests erfolgten zum Beispiel Untersuchungen über Fortbewegungsweise (Biolokomotion), Rufverhalten (Bioakustik), genetische Differenzierung und die gesamte, zum Teil komplizierte Fortpflanzungsweise.

Temperaturorgeln konnten Vorzugstemperaturen für einige Arten ermitteln: *Hyla pulchella* 31,8 °C, *H. savignyi* 29,8 °C, *H. crucifer* 31,4 °C, *H. regilla* 28,7 °C, *H. meridionalis* 27,9 °C und *H. arborea* 27,4 °C.

Die Einrichtung von Laborbehältern muß wegen des hohen Pflegeaufwandes standardisiert erfolgen. Ein-heitliche Maße der einzelnen Terrarien, günstige Bedienungshöhe und einheitlich zu öffnende Frontklappen erleichtern alle notwendigen Handgriffe. Eine gute Beschriftung der Bekken erleichtert bei wechselndem Personal die Bedienungsanweisungen — insbesondere für laufende Experimente erforderlich. Fütterungs-, Reinigungs- und alle täglichen Wartungsarbeiten erfolgen nach einem strengen Schema, um einheitliche Ausgangsbedingungen für alle Ergebnisse der Forschungen an den Tieren zu garantieren. Sogenannte „hygienische" Terrarien ohne oder mit spärlicher Bepflanzung, ohne Bodengrund und andere organische Einrichtungsgegenstände sind die Norm für die Laborhaltung.

Selbstverständlich eignen sich nicht alle Arten für eine so wenig individuelle, spartanische Betreuung. Oft werden auch nur spezielle Entwicklungsstadien, meist vor der Metamorphose, für Experimente genutzt. Die Larvenaufzucht erfolgt darum in Großlaboratorien mit hohem technischen Aufwand. Umlaufsysteme, Trommelbehälter und komplizierte Filteranlagen kommen zur Anwendung. Spezielle Futtermischungen wurden von Firmen entwickelt, um gleichmäßige und optimale Entwicklungsphasen der Kaulquappen zu fördern.

Kubalaubfrösche *(Osteopilus septentrionalis)* lassen sich einfach vermehren, meistens sind tausende von Larven aufzuziehen: oben Amplexus

Kubalaubfrösche
*(Osteopilus septentrionalis)*
oben:
Jungtieraufzucht mit frisch
geschlüpften Grillen

links: Larve

rechts:
Jungtier nach der Meta-
morphose;

# DAS PFLEGEMANAGEMENT

### Tägliche Handgriffe am Terrarium

Amphibien sind keine „Streicheltiere", man sollte ihnen soviel wie möglich Ruhe gewähren. Nur dann gedeihen sie unter Bedingungen, die ihrer Biologie entsprechen. Unumgängliche Pflegearbeiten müssen natürlich regelmäßig durchgeführt werden, denn übertriebene Nachlässigkeit bei der Betreuung rächt sich wiederum durch das Entstehen schlechter Lebensbedingungen für die Pfleglinge. Die

Erwachsene Australische Wasserreservoirfrösche (*Cyclorana novaehollandiae*), oben, und Korallenfinger (*Litoria caerulea*), Nebenseite, fressen junge Mäuse aus der Hand

täglichen Verrichtungen lassen sich auf wenige Handgriffe und Beobachtungen begrenzen: Wenn keine Schaltuhr dafür sorgt, muß die Beleuchtung (und gegebenenfalls Heizung) morgens an- und abends ausgeschaltet werden. Da es sich bei den meisten Hyliden um nachtaktive Tiere handelt, sollte erst am Abend, kurz vor dem Löschen des Lichtes, mit einem Pflanzensprüher für hohe Luftfeuchtigkeit gesorgt werden. Bei dieser Gelegenheit wässert man auch die Pflanzen und reinigt die gesamte Einrichtung von Staub.

Kommt es zu Fäulnis oder Staunässe, darf vorübergehend nur sehr wenig und später mäßiger gesprüht werden.

Kleine Laubfrösche und Jungtiere benötigen nahezu täglich Futter, größere Arten begnügen sich unter Umständen mit einem größeren Futterbrocken (beispielsweise junge Mäuse für Riesenlaubfrösche) pro Woche.

**Korallenfinger** *(Litoria caerulea)*

Die Nahrungstiere sollte man nach Möglichkeit kurz vor dem Ausschalten der Beleuchtung in das Terrarium einbringen, damit sie während der nächtlichen Aktivitätsphase von den Laubfröschen gefangen und verzehrt werden.

Eine tägliche Kontrolle des Gesundheitszustandes sowie der Gesamtverfassung der Frösche empfiehlt sich, wobei dies aber nicht zu starker Beunruhigung der Tiere führen darf, das jeweilige Maß ist von der konkreten Situation abhängig. Die tägliche Entfernung toter Amphibien und Futterreste sowie der Wechsel des Wassers im Terrarium je nach Notwendigkeit sind selbstverständlich.

61

Bei der Jungtieraufzucht ist stets auf Sauberkeit des Terrariums zu achten — hier ein Jungtier von *Hyla minuta*

Einmal wöchentlich sollte jeder Terrarianer ein bis zwei Stunden für Reinigungsarbeiten am Laubfroschterrarium investieren. Glasscheiben und Pflanzenblätter werden dann von Kotresten und anderem Schmutz befreit, der Wasserbehälter entalgt und vertrocknete Pflanzenreste entfernt. Dabei kann man alle technischen Details auf ihre Funktionstüchtigkeit hin überprüfen (Dichtheit der Gaze, Durchlauf bei Wasserpumpen, Intaktheit von Heizung und Beleuchtungsanlage). In weitaus größeren Abständen müssen Teile der Einrichtung ausgewechselt werden, etwa faulende Substratschichten, die von Exkrementen durchsetzt sind, rindenlos und damit unattraktiv gewordene Kletteräste oder vergilbte Pflanzen. Zu stark wuchernde Gewächse kürzt man regelmäßig, um die Übersichtlichkeit im Behälter zu bewahren. In Wohnzimmervitrinen, wo auf die Zierde der Terrarieneinrichtung besonderer Wert gelegt wird, kann gelegentlich ein Auswechseln der vordergründigen, solitären Pflanzen gegen blühende oder attraktivere erfolgen.

Keinesfalls dürfen Dünger oder Pflanzenschutzmittel ins Terrarium gelangen, man wäscht neue Pflanzen gründlich ab und entfernt möglichst viel an Erde bzw. Wurzelsubstrat.

Kleine südamerikanische Laubfrösche — hier eine Art aus der *Hyla-circumgata*-Gruppe — benötigen eine abwechslungsreiche Ernährung

### Nahrungstiere und Fütterung

Eine Vielzahl von Firmen bietet Abonnements für verschiedene Grillenarten in unterschiedlichen Größen, aber auch Schaben, Schwarzkäfer, Wanderheuschrecken, Wachsmotten und viele andere Insekten an. Wohlüberlegt proportioniert man den Futtertierbedarf pro Woche oder Monat, so daß zunächst befristet, dann permanent eine Standardmenge ins Haus geliefert wird. Die für die Laubfroschernährung meistens erforderlichen Fliegen lassen sich schon schwieriger beschaffen. Nur große Schmeißfliegen *(Calliphora)* werden von einigen Firmen für Anglerbedarf versandt. Man lagert die Puppen, eingebettet in Sägemehl, mehrere Wochen lang im Kühlschrank, um die jeweils erforderliche Menge zu entnehmen und in Käfigen zum Schlupf zu bringen. Etwa zwei Tage sollte man den Fliegen für die Nahrungsaufnahme gewähren, damit sich die Verfütterung an Laubfrösche lohnt. Die Grundausstattung der Fliegenkäfige besteht aus einem Wasserschälchen, etwas Milchpulver und Zucker. Zusätzlich werden die Insekten vor dem Verfüttern mit einem Vitamin- und Mineralstoffpulver eingepudert. Am besten saugt man sie mit einem Exhaustor aus den Futtertierbehältern ab und überführt sie in Plastikbeutel.

Nach einer wenige Minuten andauernden Kühlschranklagerung sind die Insekten so klamm, daß sie sich nun bequem einpudern und verfüttern lassen.

Da Stuben- und Essigfliegen *(Musca* und *Drosophila)* nur schwer beschaffbar sind, wird eine eigene Futtertierzucht kaum zu umgehen sein. Während sich die größeren Stubenfliegen in Holz- oder Gazekäfigen mit einem Müllergazeeingang, der zugebunden werden kann, am besten vermehren, züchtet man Essigfliegen in Konservengläsern mit feinen Gazedeckeln. Alle Fliegen reagieren auf Hefegeruch mit spontaner Eiablage. Darum wird Bäckerhefe auf die für die Eier- und Larvenentwicklung vorbereiteten Substrate gestreut. Bei Stubenfliegen haben sich Plastikschalen mit einem Kleie-Quark-Apfelabrieb-Gemisch bewährt, die in die Käfige gestellt werden. Essigfliegen gedeihen gut auf Möhrenbrei und gekochtem Kartoffelpüree, neuere Versuche zeigten aber auch ausgezeichnete Erfolge mit Rohkostbrei, der sehr viele Vitamine beinhaltet. Zusätzlich lassen sich Vitamin- und Mineralstofftabletten in der Flüssigkeit der Substrate lösen. Unzählige Futterbreirezepturen existieren, und jeder Züchter schwört auf sein erprobtes Gemisch. Die oben genannten Mischungen können aber für Wohnungen empfohlen werden, da

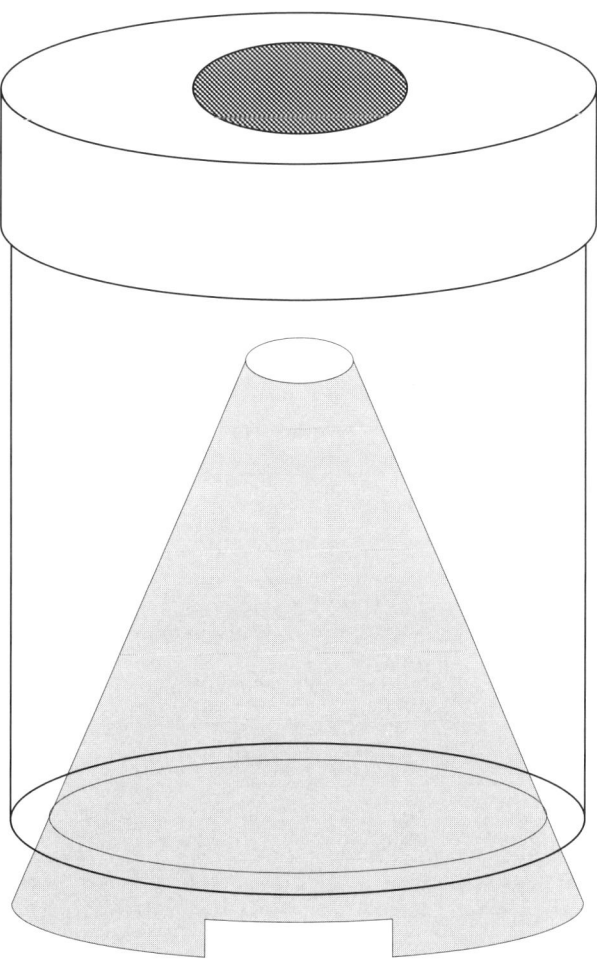

**Fliegenfalle**
**(nach van Uchelen)**

von ihnen nur eine geringe Geruchs-belästigung ausgeht. Die Temperatur sollte für alle Fliegenzuchten um 25 °C betragen, niedrigere Werte hemmen die Entwicklungsgeschwindigkeit der Fluginsekten und fördern die Vermehrung von Schimmel und Milben.

Selbstverständlich lassen sich auch alle anderen, käuflich zu erwerbenden Futtertiere selbst züchten. Der Aufwand ist aber nicht unerheblich, die Kosten für Futter, Energie und notwendige Zeit (Reinigung, Fütterung, Befeuchten, Wärmequellen usw.) entsprechen etwa denen eines Dauerabonnements. Seltener benötigte Futtertiere wie Dörrobst- oder Mehlmotten, Riesenschaben, Stabschrecken und Ameisen holt man sich am besten bei Bedarf von Forschungsinstitutionen, die sich professionell mit der Zucht dieser Insekten befassen. Einige

Jungtiere von *Phrynohyas venulosa hebes* fressen zunächst Stubenfliegen, später auch Grillen und Schaben

Arten können beim Ausbrechen aus den Terrarien zu Haushalts- und Vorratsschädlingen werden (einige Motten- und Ameisenarten, Hausschaben und Hausgrillen); auf sie sollte verzichtet werden.

Große Hyliden nehmen zuweilen gern nestjunge oder kleinere Mäuse von der Pinzette ab. Diese Tiere stellen ein ausgezeichnetes, jedoch nicht ausschließliches Futter dar. Man nutzt sie für die Applikation von Vitaminen und Medikamenten, die ihnen vor der Verfütterung injiziert werden. Entweder eine eigene Mäusezucht oder biologische Forschungslaboratorien sind die Quellen für diese Futtertiere.

Während der warmen Jahreszeit bietet die Natur willkommene zusätzliche Nahrungsquellen für Laubfrösche. Der Fang von Wiesenplankton, also der durch Kescherschlag auf Wiesen- und Brachflächen erbeuteten Mischung unterschiedlichster Insekten, hat sich seit langem in der Terraristik bewährt. Der Kescherinhalt wird in Büchsen oder Gläser eingefüllt, die man schließlich ins Terrarium legt. Es ist darauf zu achten, daß sich nicht zu große Insekten in den Gläsern befinden, damit das Räuber-Beute-Verhältnis nicht umgekehrt wird. Bei mäßiger Fütterung leidet auch die Terrarienbepflanzung kaum unter der

Vogelstimmenlaubfrosch *(Hyla avivoca)* und *Hyla eximia* bevorzugen Wiesenplankton als Nahrung

Wie die meisten freilebenden Laubfroschlarven ernähren sich die Kaulquappen des Makifrosches *Phyllomedusa
hypochondrialis* von pflanzlichen Stoffen

Einwirkung von blattfressenden Wan-
zen, Grashüpfern oder Käfern, da sie
meist rasch durch die Hyliden verzehrt sind.

Um möglichst einheitliches Futter
aus der Natur zu erhalten, haben sich
zwei Methoden bewährt: Licht- und
Fliegenfalle. Erstere selektiert alle
Nachtinsekten, zumeist Falter, was
sich für viele streng dunkelheitsaktive
Hyliden als sehr günstig erweist. An
eine Lampe mit möglichst kurzwelligem Licht setzt man einen Beutel an,
in den über einen nach innen gekehr-
ten Trichter die ans Licht strebenden
Insekten fallen. Die Fliegenfalle funktioniert mit Hilfe eines übel riechen-
den Köders (am besten verwesendes
Fischfleisch). Durch den Gestank werden Fleischfliegen angelockt, die eine
ideale Brutstätte für ihre Nachkom-

men vermuten. Sie setzen sich auf den
Köder und fliegen schon bald nach
oben weiter, wobei sie in einen wiederum nach innen gerichteten Trichter
gelangen, der ihnen ein Entkommen
aus der darüber befindlichen Falle
unmöglich macht.

Für den Freilandfutterfang ist
generell zu beachten, daß in mit Biozi-
den oder anderen chemischen Substanzen verunreinigten Gebieten stets
eine Vergiftungsgefahr für die als
Nahrungskettenendglieder fungieren-
den Frösche besteht. Man sollte sich
also möglichst naturnahe Lebensräume aussuchen und dafür eine längere Fahrtstrecke in Kauf nehmen.

Die meisten Futtertiere leben in
den Terrarien noch einige Tage weiter,
wenn sie nicht sofort verzehrt wurden.
Sie produzieren Exkremente, die
Pflanzen und Sichtscheiben verunrei-
nigen. Schließlich bereitet das Absam-
meln verendeter Fliegen oder Grillen
zusätzliche Mühe. Eine Überfütterung
der Frösche läßt sich durch wohlpro-
portionierte Ernährung vermeiden;
man gibt immer nur so viel Futter ins
Terrarium, wie innerhalb eines halben
Tages verspeist werden kann. Eine
individuelle Ernährung größerer Hyliden von der Pinzette erleichtert
außerdem die Kontrolle, ob alle Frösche Nahrung aufnehmen, und man
vermeidet damit ein Entkommen oder
unkontrolliertes Weiterleben der Futtertiere.

Manche Arten, so auch die Korallenfinger *(Litoria caerulea)* können kannibalisch werden

### Krankheiten und Quarantäne

Da einmal eingewöhnte, krankheits- und parasitenfreie Laubfrösche kaum einmal veterinärmedizinische Probleme bereiten, richtet sich die Aufmerksamkeit dieses Abschnittes besonders auf die Quarantäne. Natürlich treten bei sich verschlechternden Haltungsbedingungen oder den Tieren besonders viel Energie abfordern-den Situationen (etwa Weibchen nach der Laichabgabe) gelegentlich Parasitosen auf, die normalerweise nicht zu Krankheitsbildern geführt hätten. Sie bereiten Bakterien, beispielsweise *Aeromonas,* dann ein Problem, wenn sie sich im geschwächten Organismus zu stark vermehren. Gute, vitaminreiche Ernährung und wärmere, sterile Haltung schaffen hier meist Abhilfe.

Frisch importierte Springende Rotaugenfrösche *(Agalychnis saltator)* sind oft von parasitischen Würmern infiziert; oben Männchen, rechts Weibchen

Tumoren entstehen oft spontan, gegen sie ist auch bei Amphibien nicht viel auszurichten. In den Augen mitteleuropäischer Laubfrösche *(Hyla arborea)* wurden Fetteinlagerungen gefunden, die zu einer Beeinträchtigung des Gesichtsfeldes führten. Verhaltensänderungen, permanentes Verfärben (insbesondere Melaninanreicherung) und Verweigern von Futter lassen auf Haltungsfehler oder epidemieartige Parasitosen schließen. Eine der wichtigsten Maßnahmen bei der Laubfroschhaltung ist die Quarantäne neu erworbener Tiere. Das gilt in besonderem Maße für Wildfänge, da diese außer der meist reichen Parasitenflora tropischer Ländereien auch einen vom langen Transport geschwächten Organismus aufweisen und während der Eingewöhnung manchmal nicht gleich Futter annehmen. Für Hyliden hat sich eine mehrwöchige hygienische Haltung in täglich gut zu reinigenden und mit Alkohol oder ähnlichen Substanzen zu desinfizierenden Glas- oder Plastikbehältern bewährt.

Nematoden, wie *Haematoloechus* (weltweit), *Naematotaenia* (eura-

sisch), *Cosmocerca* (südamerikanisch) oder *Porochis* (australisch) wurden in vielen Arten bei Hyliden gefunden. Gegen diese Darmwürmer hilft eine chemische Therapie mit Hilfe bekannter Medikamente wie Rintal, Piperazin, Panacur oder Concurat.

Das über Futtertiere oder oral (mit Hilfe einer Pipette oder Injektionsspritze) applizierbare Rintal erbrachte bisher die besten Erfolge, wobei es wie alle anderen Wurmmittel nicht frei von Nebenwirkungen ist. Es wurde bei einer Vielzahl von Hyliden in einer Konzentration von 50 mg Wirkstoff pro kg Körpergewicht angewandt. Das bedeutet etwa für einen 6 bis 7 cm langen Laubfrosch die Menge von 0,1 ml einer 10%igen Lösung. Die Behandlung sollte dreimal pro Woche wiederholt werden, um eine etwaige Neuinfektion auszuschließen und den Intestinaltrakt der Frösche völlig zu reinigen.

Viele Erkrankungen resultieren von Bakterien, die nur schwer bestimmbar sind. Bäder in Antibiotika haben sich in solchen Fällen bestens bewährt. Mischlösungen von Streptomycin und Penicillin, Oxytetracyclin

Jungtiere der Bromelienlaubfrösche *(Hyla ebraccata)* bekommen durch Aufzuchtsfehler gelegentlich „Streichholzbeinchen"

oder Chloramphenicol lassen sich auch vorsichtig oral applizieren, wobei von einem Tierarzt die Dosis genau nach dem individuellen Körpergewicht des zu behandelnden Frosches zu bestimmen ist. Manche Terrarianer beobachten ihre Pfleglinge ausdauernd, um bei Beginn einer Häutung das Medikament auf die instinktiv zu fressende Haut zu träufeln bzw. zu streuen. Auch das Einpudern von Futtertieren bietet eine Applikationsmöglichkeit.

Lungenerkrankungen sollten in jedem Falle Anlaß zu großer Besorgnis sein. Eine Lungenentzündung wurde beispielsweise bei Larven des Baumhöhlen-Krötenlaubfrosches *(Phrynohyas resinifectrix)* durch *Diplococcus pneumoniae* ausgelöst, eine wärmere Haltung und Antibiotikabehandlung führte hier zu einer Linderung. Lungenwürmer der Gattung *Rhabdias* führten bei Laubfröschen trotz einer Chemotherapie mit Citarin zum Tode.

Bei einigen Arten, wie etwa dem Bromelienlaubfrosch *(Hyla ebraccata)*, treten während der Metamorphose sogenannte „Streichholzbeinchen" auf. Viele verschiedene Theorien über die Ursachen dieses Phänomens wurden bereits diskutiert. Eine Erklärung wäre ein genetischer Defekt oder Ernährungsfehler bei Elterntieren bzw. Larven. Jeder Terrarianer sollte in allen Entwicklungsphasen seiner Pfleglinge für eine optimale Ernährung sorgen. Das ist sicher die beste Prophylaxe gegen diesen deshalb so unbeliebten Aufzuchtsfehler, weil er erst dann sichtbar wird, wenn man von seinen Nachzuchten meint, daß sie schon „über den Berg" wären und sie dann doch als verloren gelten müssen.

# Vermehrung und Aufzucht

### Fortpflanzungsformen und Paarungsverhalten

Wie bei den meisten Froschlurchen, besteht auch in der Familie Hylidae das Hauptprinzip der Partnerwahl im Reagieren auf den Paarungsruf. Nur Männchen produzieren Revier- und Paarungsrufe, während beispielsweise Abwehr- oder Schreckrufe oft von Vertretern beider Geschlechter hervorgebracht werden können. Ein besonderes anatomisches Merkmal der meisten Laubfroschmännchen sind ihre Schallblasen. Folgende Typen unterscheidet man bei Laubfröschen:
– einteilig (median), kehlständig (subgular), innen (intern) (zum Beispiel bei *Hyla rosenbergi)*,
– einteilig (median), kehlständig (subgular), außen (extern) (zum Beispiel bei *Hyla regilla)*
– paarig, kehlständig (subgular), innen (intern) (z.B. bei *Hyla pseudopuma)*,
– paarig, kehlständig (subgular), außen (extern) (zum Beispiel bei *Smilisca phaeota)*,
– paarig, seitenständig (lateral), innen (intern) (zum Beispiel bei *Phrynohyas mesophaea)*,
– paarig, seitenständig (lateral), außen (extern) (zum Beispiel bei *Phrynohyas venulosa)*.

Die Schallblasenöffnung für die äußeren, das heißt ausstülpbaren Resonatororgane der Laubfroschmännchen können schlitzförmig oder

Schallblasen bei rufenden Laubfroschmännchen: *Litoria caerulea*

Schallblasen bei rufenden Laubfroschmännchen: oben *Hyla arborea schelkovnikovy;* links *Smilisca baudini;*

rund sein. In der Mitte leicht einge-dellte Kehlschallblasen werden als bilobat bezeichnet (etwa bei *Hyla pseudopuma).* Nur vier Laubfrosch-gattungen besitzen seitenständige Schallblasen: *Phrynohyas, Osteoce-phalus, Trachycephalus* und *Argenteo-hyla.*

Als Resonatororgane dienen die Schallblasen der Verstärkung von Lau-ten, die artspezifisch sind und die ein-zige Funktion besitzen, ein Revier zu markieren bzw. Weibchen anzulocken.

Im neuen Wissenschaftszweig Ethotaxonomie befassen sich Amphi-bienkundler sehr häufig mit den Rufen verschiedener Hyliden. Je nach der Rufstruktur lassen sich Schlußfol-gerungen über den Verwandtschafts-grad einzelner Unterarten, Species und Gattungen ziehen. Dabei ist es wichtig, eine Standardtemperatur ein-zuhalten, damit die Werte vergleichbar sind. Schon geringfügige Veränderun-gen der Temperatur führen zu anderen Meßdaten. Die Ergebnisse der biolo-

*Trachycephalus atlas* (o.) und *T. jordani* (u.) besitzen seitenständige Schallblasen

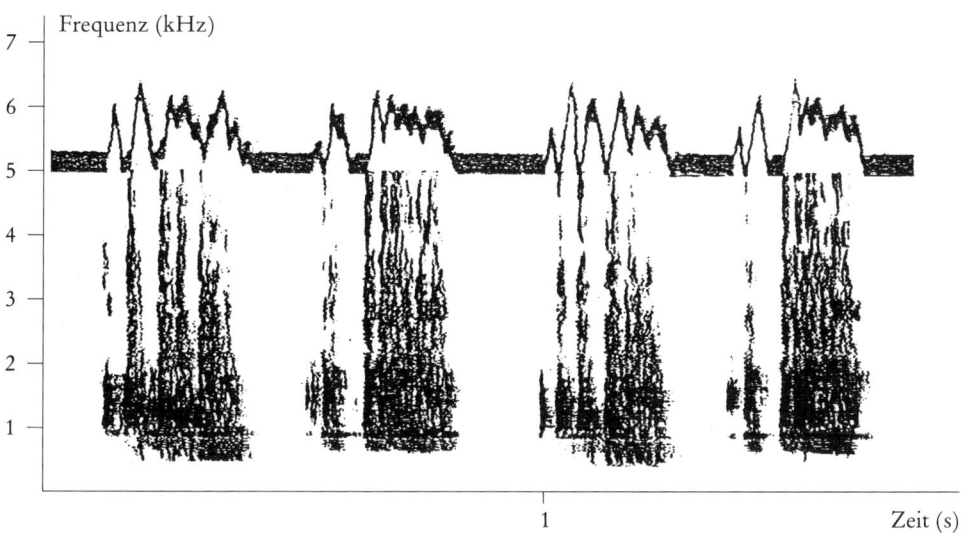

Sonagramm eines Paarungsrufes des australischen Korallenfingers *(Litoria caerulea)* aufgenommen bei 20 °C

gischen Schallforschung (Bioakustik) werden als Oszillogramme oder Sonagramme dargestellt. Viele neue Arten, die bislang als Subspecies oder sogar nur Varietäten gehalten wurden, konnten durch die Schallforscher beschrieben werden, zum Beispiel Hallowells Laubfrosch *(Hyla hallowelli)* von Korea, der früher als Varietät des Japanischen Laubfrosches *(H. japonica)* angesehen wurde, oder Mittelmeerlaubfrosch *(Hyla meridionalis)* sowie Savignyis Laubfrosch *(H. savignyi)*, die vormals beide als Unterarten des Mitteleuropäischen Laubfroschs *(H. arborea)* verstanden wurden. Aber auch innerhalb mancher Arten existieren regionale Dialekte des Paarungsrufes. So erkennen bei den nordamerikanischen Chorfröschen

*(Acris crepitans, A. gryllus)* die Weibchen aus einem Arealteil ihre rufenden Artgenossen aus einem anderen nicht mehr, hier baut sich möglicherweise bereits wieder eine Isolationsbarriere auf, die künftige neue Unterarten voneinander trennen wird — eine weitere Funktion der Paarungsrufe als Kommunikationsmittel einer Art.

Alle Laubfrösche haben Rufschwellen ausgebildet, das heißt, sie lassen nur dann ihre Paarungsrufe erschallen, wenn für die Fortpflanzung wesentliche Umweltfaktoren optimal eingestellt sind und ein Paarungserfolg zu erwarten ist. So beginnen die meisten Hyliden erst bei Einbruch der Dunkelheit, bei einer relativ hohen Luftfeuchtigkeit und einer speziellen Temperatur zu rufen. Der

77

*Hyla savignyi* wurde anhand der Paarungsrufanalyse als selbständige Art erkannt

Veränderliche Laubfrosch *(Hyla versi-color)* läßt seine Stimme erst ab 9 °C erschallen. Auch zu hohe Temperaturen führen zum Verstummen der Rufe.

Um eine Überlastung der bei der Paarungsvorbereitung sehr ange-spannten Männchen zu vermeiden, kommt es außer der Revieraufteilung am Laichgewässer auch zu zeitweisem Wechselgesang und damit Erholung jeweils einiger Männchen. Beim pana-maischen Kleinkopflaubfrosch *(Hyla microcephala)* konnte dieses Prinzip näher untersucht werden. Da stets wenige Weibchen pro Nacht dem von vielen Männchen okkupierten Laichgewässer zustreben, bekommen ohnehin nur einige Rufer Partnerinnen ab. Die Konkurrenz ist nicht ausgeschlossen, wenn beispielsweise jedes Kleinkopflaubfroschmännchen nur etwa zwei Stunden pro Nacht ruft, um seine Energie für die nächsten Tage aufzusparen. Die oft im Duett rufenden Chorfroschmännchen *(Acris crepitans)* haben mehr Erfolg, ein Weibchen abzubekommen als einzelne Rufer. Die Männchen anderer nordamerikanischer Hyliden zeigen sich weniger kooperativ, kommen aber auch zum Erfolg bei ihren Partnerinnen: Karolina-Laubfrösche *(Hyla cinerea)* versuchen durch maskierende

Rufe kurz nach dem Einsetzen des ersten Männchens die Aufmerksamkeit auf sich zu lenken. Die sehr territorialen Veränderlichen Laubfrösche *(H. versicolor)* und Frühlingspiper *(H. crucifer)* dulden weitere Männchen in ihrem Territorium nur so lange, wie diese nicht ebenfalls rufen. Nur in der kurzen Zeit, während der Revierbesitzer mit einem Weibchen verpaart ist und aus diesem Grunde schweigt, haben die sogenannten „Satellitenmännchen" das Recht, ebenfalls zu rufen. So gehen an kleinen Laichgewässern mit wenigen Rufterritorien die überzähligen Männchen nicht ganz chancenlos aus.

Normalerweise haben die Paarungsrufe der Hyliden eine abgrenzende Funktion. Bewohnen zwei ähnlich rufende Laubfroscharten in einem

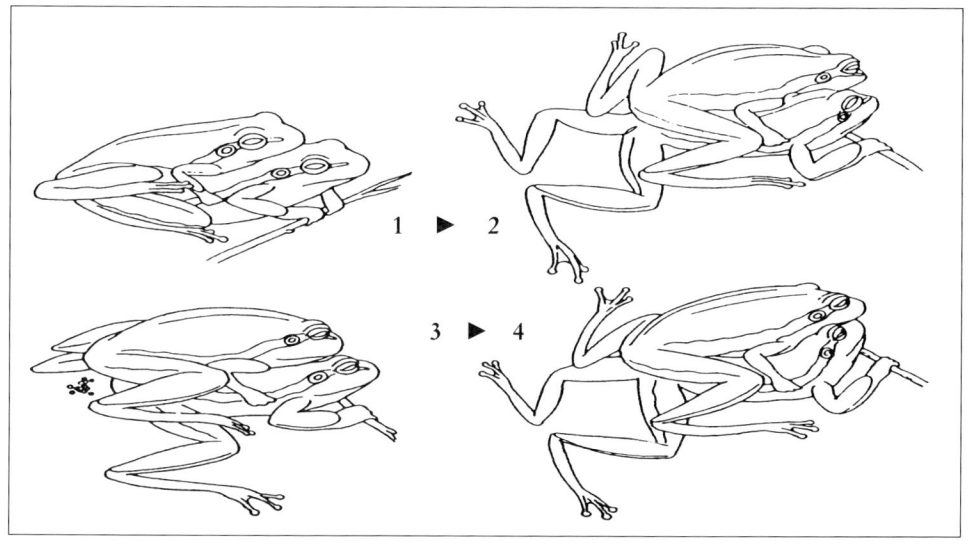

Paarungsverlauf bei Andersons Laubfrosch *(Hyla andersoni)* (nach Aronson)

Veränderlicher Laubfrosch *(Hyla versicolor)* (oben) und *Hyla chrysocoelis* (rechts) sind im Habitus nahezu gleich aussehende, jedoch genetisch unterscheidbare Arten

Arealteil dasselbe Biotop, so verändern sie ihre Rufe derart, daß deutliche Unterschiede offenbar und Verwechslungen weitgehend ausgeschlossen werden. Trotzdem genügen manchmal die Isolationsbarrieren in der Natur nicht, um Bastardierungen zu verhindern. So fanden Herpetologen in vielen Teilen des großen Weltareals der Laubfrösche Bastarde zwischen oft sogar im Habitus sehr unterschiedlichen Arten. Erst jüngst wurde in Portugal eine Bastardzone zwischen Mittelmeerlaubfrosch *(Hyla meridionalis)* und Mitteleuropäischem Laubfrosch *(H. arborea)* festgestellt. Bei

nordamerikanischen Hyliden war natürliche Bastardierung bereits seit einigen Jahren bekannt, etwa zwischen Karolina-Laubfrosch *(H. cinerea)* und Bellendem Laubfrosch *(H. gratiosa)* in Georgia und Alabama, wo nach zwanzigjähriger Existenz bereits eine echte Vermischung der Merkmale in den Populationen festgestellt wurde, sowie zwischen Andersons Laubfrosch *(H. andersonii)* jeweils mit dem Karolina-Laubfrosch *(H. cinerea)* und dem Kiefern-Laubfrosch *(H. femoralis)* auf Florida. Letztere Art bastardierte sich wiederum im Mississippi-Gebiet mit dem

Veränderlichen Laubfrosch *(H. versi-color)*. Die öfter behauptete Tatsache, Anuren würden sich selten in der Natur bei der Partnerwahl „vergreifen", stimmt mit Sicherheit nicht, wie uns diese und viele andere Beispiele aus der Familie der Laubfrösche belegen. Die Fähigkeit dieser Amphibien, vermischt Paarungen einzugehen, machten sich insbesondere japanische Forscher zunutze, indem sie durch künstliche Bastardierung im Labor den Verwandtschaftsgrad einzelner Arten zueinander feststellten. Sie hybridisierten beispielsweise Japanischen Laubfrosch *(H. japonica)* und Mitteleuropäischen Laubfrosch *(H. arborea)* sowie Königslaubfrosch *(H. regilla)*. Bei weiteren Experimenten mit 13 europäischen Arten wurde sogar die neue Art *H. suweonensis* entdeckt.

Wie auch in anderen Familien der Froschlurche, zum Beispiel bei den Echten Kröten (Bufonidae), fand man unter den Laubfröschen natürliche Polyploidie, das heißt eine Vervielfachung des normalen Chromosomensatzes in den Körperzellen. Während die Art *Hyla chrysocoelis* normal diploid ist, also jedes Chromosom zweifach besitzt, zählte man beim Veränderlichen Laubfrosch *(H. versi-color)* das Doppelte, also einen vierfachen (tetraploiden) Chromosomensatz.

Welche biologische Funktion diese Erscheinung besitzt, ist noch unklar,

zumal man die beiden Arten äußerlich kaum voneinander zu unterscheiden vermag. Wiederum versuchten japanische Forscher des Laboratoriums für Amphibienbiologie der Universität Hiroshima, diesem Rätsel auf den Grund zu gehen und fanden heraus, daß durch sehr unterschiedliche äußere Einflüsse im Verlauf der Herausbildung von Ei- und Spermazellen bei vielen getesteten Arten eine solche Chromosomenverdoppelung eintreten kann, die sich dann auch dominant an die Nachkommen vererbt.

Andere, auf entwicklungsphysiologische bzw. genetische Vorgänge zurückzuführende Phänomene sind Farbmutanten bei Laubfröschen. Von der Vielzahl der in der Natur gefundenen Albinos seien hier nur einige genannt: Chorfrosch *(Pseudacris triseriata)* von Colorado, Canyon-Frosch *(Hyla arenicolor)* von Texas, Königslaubfrosch *(H. regilla)* von Oregon und *Phrynohyas mesophaea* von Südostbrasilien. Farbmutanten des Japanischen Laubfrosches *(Hyla japonica)* waren über lange Zeit ein wichtiges Forschungsthema der Hiroshimaer Amphibienkundler. Sie produzierten gelbe, blaue, weiße und schwarze sowie sehr verschieden grüne Laubfrösche, aber auch schwarzäugige und anderweitig abnorm gefärbte Tiere, die sie mit anormalen Individuen aus natürlichen Populationen verglichen. Da gerade für manche sinnesphysio-

**Japanischer Laubfrosch** *(Hyla japonica)* **von der Insel Sachalin**

logischen Experimente pigmentlose, also albinistische Hyliden sehr gut geeignet sind (man kann bei ihnen oft problemlos viele Organe und Gewebe durch die Haut beobachten), stellte man derartige Zuchtstämme des Japa-

nischen Laubfrosches her, die sich ausgezeichnet in Menschenobhut halten und vermehren lassen.

Die Zeichnung von Laubfröschen kann auch durch eine natürliche Variationsbreite innerhalb einer Art sehr

83

Zwei Unterarten des Roten Knickzehenlaubfrosches, *Ooloyon rubra altera* (oben) und *O. rubra rubra* (rechts)

unterschiedlich sein. So findet man beispielsweise Grillenfrösche *(Acris crepitans)* in gestreiften, grauen und grünen Varietäten vor, wobei alle Individuen einander als Art erkennen, was auf die untergeordnete Rolle der Färbung und Zeichnung bei der Partnerwahl schließen läßt.

Eine Fülle von sekundären Geschlechtsmerkmalen kommt bei Hyliden vor, hier einige Beispiele:

Die Männchen von Rosenbergs Laubfrosch *(Hyla rosenbergii)*, Weißflanken-Laubfrosch *(H. albomarginata)* und anderen besitzen einen gegabelten Oberarmknochen. Den Gladiator-Laubfröschen *(Hyla-boans-Gruppe)* gaben Sporen, mit denen Kommentkämpfe ausgetragen wer-

den, ihren Namen. Die einzelnen zahnartigen Gebilde auf dem Unterkiefer der brasilianischen Art *Phyllodytes luteolus* werden im männlichen Geschlecht erheblich größer. Verschiedenartig geformte und gefärbte Brunftschwielen findet man bei Laubfroschmännchen vieler Arten, beispielsweise Korallenfinger *(Litoria caerulea)*, *Ptychohyla spinipollex* und *Hyla zeteki*. Andere Arten der Gattung *Ptychohyla* und *Hyla* (etwa *Hyla colymba*) besitzen an Bauchseiten oder Kehle Brunftdrüsenflächen. Schließlich lassen sich die Männchen bei den Knochenkopflaubfröschen *(Osteocephalus)* an der sehr rauhen, tuberkelreichen Rückenhaut leicht erkennen. Auch die sogenannte

Rosenbergs Laubfrosch *(Hyla rosenbergi)*

„Männchenlinie" (Linea masculina) wird bei einigen Hyliden beobachtet.

Wie bereits oben ausgesagt, finden sich die Laubfroschpaare hauptsächlich durch akustische Kommunikation zusammen. Es gibt aber auch andere Auswahlprinzipien, beispielsweise beim Roten Knickzehenlaubfrosch *(Ololygon rubra)* aus Guyana. Bei diesen Explosionslaichern müssen alle Verhaltensabläufe während Paarung und Eiablage perfekt und schnell funktionieren. Darum kommen nur Männchen zum Erfolg, die eine dem jeweiligen Weibchen entsprechende optimale Körpergröße (82 % der Länge des Weibchens) haben. Durch eine solche Selektion ist nahezu hundertprozentig die Befruchtung der Eier gewährleistet. Die Rufwarten der Männchen dieser Art befinden sich übrigens oft in Beutelnestern verschiedener Vogelarten.

Die Eiablage wird bei den sich in einer Achselklammerung befindlichen Laubfröschen durch taktile Reize ausgelöst. Männchen mancher Arten klammern ihre Partnerinnen oberhalb der Arme (zum Beispiel *Litoria, Phyllomedusa*), andere unterhalb (etwa *Hyla savignyi, Pseudacris triseriata*) und schließlich auch an der Kehle, wie bei Rosenbergs Laubfrosch *(Hyla rosenbergii)* beobachtet wurde. Die meisten Laubfroscharten laichen in stehenden Gewässern, so daß im allgemeinen eine hohe Befruchtungsrate der Eier gegeben ist. Andersons Laubfrosch *(Hyla andersonii)* oder die australische Art *Litoria splendida* nutzen langsam fließende Gewässer zur Fortpflanzung. Ihre Eier schwimmen durch eine Spermawolke im Flußwasser. Männchen von *Litoria verreauxi* und einiger anderer australischer Laubfrösche halten mit Hilfe ihrer Hinterextremitäten kleine Laichklumpen fest und führen sie an ihre Kloake, um sie direkt zu befruchten. Diese werden nach etwa einer Minute in das von den Füßen des

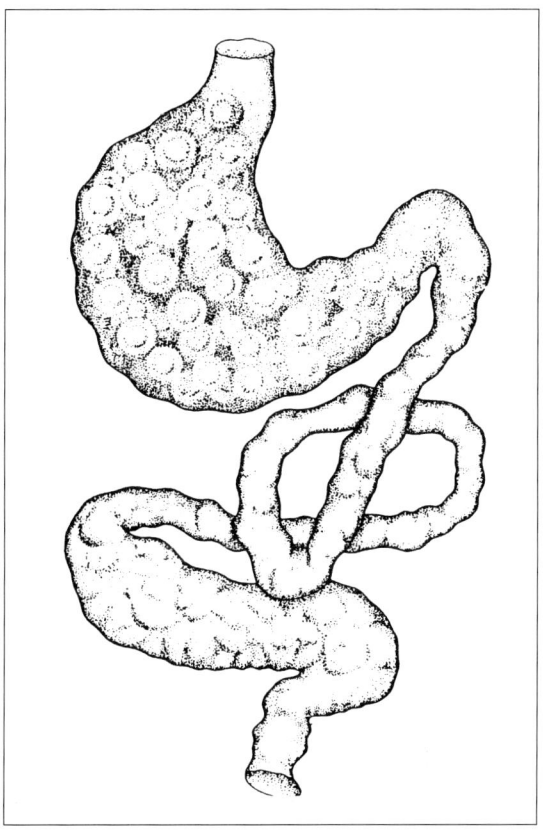

**Magen und Darm einer Larve des Kronen-Laubfrosches *(Anotheca coronata)* mit Eiern (nach Taylor)**

Weibchens gebildete „Körbchen" weitergegeben, wo sie wiederum eine Minute lang verbleiben, um danach an Wasserpflanzen Haftung zu finden.

Manche Hyliden, so etwa der wegen seines mit einem Hammerschlag vergleichbaren Rufes „Schmied" genannte Laubfrosch *Hyla faber,* aber auch Rosenbergs Laubfrosch *(H. rosenbergii)* und Pantherfrosch *(H. pardalis)* bauen am Rande größerer Gewässer kraterähnliche Ringwälle, in die sie laichen. Der Durchmesser dieser mit Hilfe von Bauch und Extremitäten aufgeschobenen Bodenringe beträgt bei der letzteren Art 14 bis 18 cm und ist beim Schmied oft weitaus größer. Der in solchen Mikroaquarien abgelegte Laich sowie die Larven entwickeln sich weitgehend ohne Feindeinflüsse, da sie von Insektenlarven und Fischen durch die Bodenwälle abgetrennt sind. Um die Krater werden von einzelnen Männchen Territorialkämpfe ausgetragen.

Im Verlauf der Anpassung an das Baumleben hat sich bei einer Reihe von Hylidenarten ein besonderes Fortpflanzungsverhalten herausgebildet. Sie paaren sich auf Blättern tropischer Pflanzen und legen auf sie ihren Laich ab. Durch Regen und Nebel trocknen die Eier selten aus. Die sich entwickelnden Larven schlüpfen nach wenigen Tagen und springen mit schnippsenden Bewegungen von Blatt zu Blatt abwärts, um schließlich in einem Gewässer zu landen. Derartige Blattlaicher sind beispielsweise der Triangel-Laubfrosch *(Hyla triangulum)*, aber auch *H. brevifrons* und *H. sarayaquensis*. Die Bromelienlaubfrösche *(H. ebraccata, H. leucophyllata, H. bromeliaca)* spezialisierten sich darauf, ihre Eier an Bromelienblätter zu legen, so daß die Larven in deren wassergefüllte Trich-

ter gleiten, um sich dort weiterzuentwickeln.

In Kostarika und Westpanama leben die Kronenlaubfrösche *(Anotheca coronata)*. Auch sie laichen auf Bromelienblättern, und ihre Larven wachsen ebenfalls in den Pflanzentrichtern auf. Sie ernähren sich aber nicht vegetarisch, wie die der anderen Hyliden, sondern fressen Froscheier und Mückenlarven. Der Larvenmund ist mit starken Hornkiefern ausgestattet, die lebende Beute erfassen können. Auch der Darm zeigt nicht die typischen langen Windungen eines Pflanzenfressers. Dafür sind die bei den meisten anderen freilebenden Hylidenlarven stets vorhandenen Raspelzähnchen, die zum Abweiden von Pflanzen dienen, stark reduziert, da sie keine Funktion mehr besitzen.

Noch perfekter gestalten die Makifrösche *(Phyllomedusa)* ihre in den Baumkronen positionierten Gelege. Sie bauen Blattnester, die aus einem oder zwei zusammengefalteten Blättern bestehen. Mit Hilfe der Hinterbeine werden die Blattränder nach innen über das traubenartige Gelege gebogen und durch eine Gallertschicht verklebt. Die Eier sind nun nicht nur durch die zusätzlichen Gallertkügelchen, sondern auch durch die schützenden Blatthüllen gegen Austrocknung und Freßfeinde geschützt. Einige Arten dieser Gattung, aber auch die Gespenstfrösche *(Pachyme-*

*Phyllomedusa marginata* paart sich in Höhlen

dusa) und Rotaugenfrösche (Agalychnis), legen traubenartige Eipakete auf Blätter, ohne diese zu falten. Die Art *Phyllomedusa marginata* bevorzugt wahrscheinlich Höhlen als Paarungsort. Die geschlüpften Larven springen meistens nicht einzeln in Richtung Gewässer, sondern animieren einander durch wellenartige Schwanzbewegungen zum gemeinsamen Springen.

Einige Hyliden bevorzugen Bereiche fließender Gewässer, in denen auch ihre Larven aufwachsen, zum Beispiel der Tropfen-Makifrosch *(Phyllomedusa guttata)* und Lancaster Laubfrosch *(Hyla lancasteri).* Die meisten laichen aber in der Nähe von Urwaldweihern.

Eine Laubfroschgruppe spezialisierte sich in anderer Weise darauf, wasserunabhängiger bei der Fortpflanzung zu sein: Die Unterfamilie Hemiphractinae. Bei allen Arten

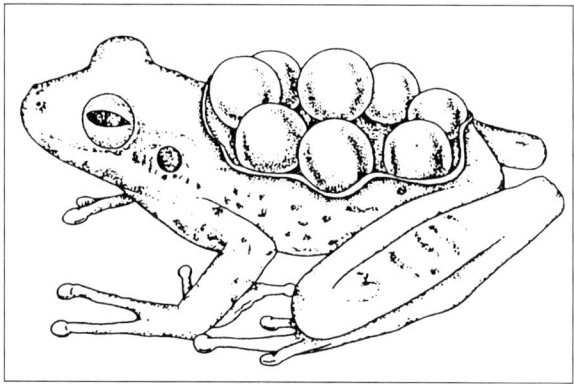

Larventragendes Weibchen eines Laubfrosches der Gattung *Stefania* (nach Duellmann & Hoogemoed)

kommt eine teilweise bzw. vollständige Eier- bzw. Larvenaufzucht am Körper des Weibchens vor.

*Amphignathodon* und *Gastrotheca* sind zwei Gattungen, die auf Bäumen leben und bei denen eine direkte Entwicklung bis zur Metamorphose stattfindet. Die Beutelfroschweibchen *(Gastrotheca)* besitzen eine Bruttasche, die aus dem Rückenlymphsack und Teilen der lateralen Lymphsäcke bestehen kann. Meistens befindet sich die Öffnung über der Kloake. In einem komplizierten Paarungsspiel befördert das Männchen die Eier in den Beutel seiner Partnerin. Einige Beutelfroscharten, etwa *Gastrotheca riobambae*, entlassen weit entwickelte Larven aus der Rückentasche in Gewässer, bei anderen, beispielsweise *G. plumbea*, entwickeln sich die Nachkommen bis zur Metamorphose im Beutel. Die Eianzahl richtet sich nach der Perfektion dieser Brutpflegemethode: Während bei der ersteren Art 100 bis 250 etwa 3,5 mm große Eier gezählt wurden, legt letztere nur 20 bis 28 Eier von 6 bis 8 mm Größe.

Auch die Weibchen der Gattungen *Hemiphractus, Cryptobatrachus* und *Stefania* „brüten" ihre Nachkommen auf dem Rücken bis zum Abschluß der Entwicklung aus. Im Gegensatz zu

Pärchen des Beutelfrosches *Gastrotheca riobambae*, beim grün gefärbten Weibchen sind einige weiße Resteier am Beutelausgang zu erkennen

anderen Arten findet bei den 11 bis 24 Eiern (8 bis 9 mm Durchmesser) bei der Gattung *Stefania* keine Sauerstoffversorgung der Embryonen über feine, oberflächennahe Kapillaren des Weibchens statt. Die Tiere bewohnen die Spritzwasserzone, wodurch für die

Larven eine echte Kiemenatmung bei sehr hoher Luftfeuchtigkeit möglich wird.

Wie sich anatomisch die Rückentasche ausgebildet haben könnte, läßt sich leicht vorstellen. Aus dem beim Schüsselrücken-Laubfrosch *(Fritziana*

Weibchen des Schüsselrückenlaubfrosches *(Fritziana goeldii)* mit einem Gelege (fotografiert im Terrarium von Prof. Weygoldt)

*goeldii)* aufgewölbten Hautrand bildete sich nach stärkerer Überlappung eine sekundäre Höhlung aus, wie sie beim Taschenfrosch *(Flectonotus pygmaeus)* zu beobachten ist. Das untere Gewebe bildete sich möglicherweise um, so daß schließlich auch die Lymphsäcke bei den Beutelfröschen *(Gastrotheca)* mit einbezogen wurden. Die Larven vom Schüsselrücken-Laubfrosch und Taschenfrosch entwickeln sich in Bromelientrichtern weiter. Wahrscheinlich reicht ihr Dottervorrat vollständig bis zur Metamorphose aus, obwohl die Kaulquappen auch aktiv Nahrung aufnehmen. Das Fressen beeinträchtigt jedoch nicht ihre Entwicklungsgeschwindigkeit.

Diese ist bei Hyliden stark vom jeweiligen Klima und anderen Umweltfaktoren abhängig. Die folgende Übersicht soll einige Beispiele der Entwicklungsgeschwindigkeit bis zur Geschlechtsreife geben:

| Art | Männchen | Weibchen |
|---|---|---|
| *Hyla chrysocoelis* | 1 – 2 Jahre | 2 Jahre |
| *Hyla cinerea* | 1 Jahr | 1 Jahr |
| *Hyla crucifer* | 1 Jahr | 1 Jahr |
| *Hyla regilla* | 1 Jahr | |
| *Hyla rosenbergii* | 1 Jahr | 1 Jahr |
| *Hyla versicolor* | 2 Jahre | 2 Jahre |
| *Pseudacris triseriata* | 1 Jahr | 1 Jahr |
| *Acris crepitans* | 1 Jahr | 1 Jahr |

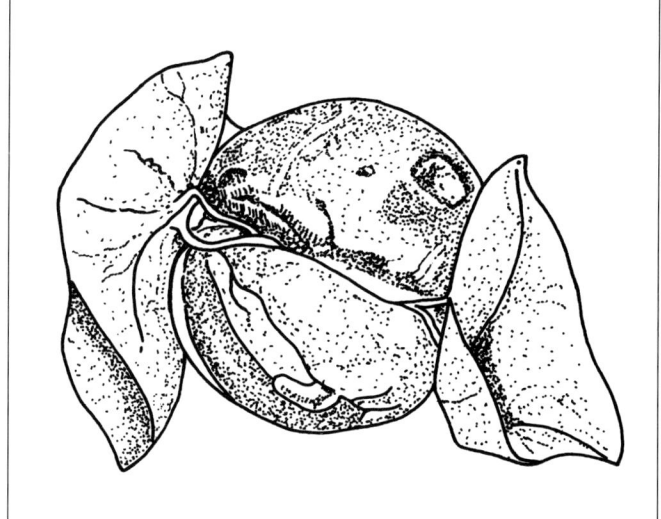
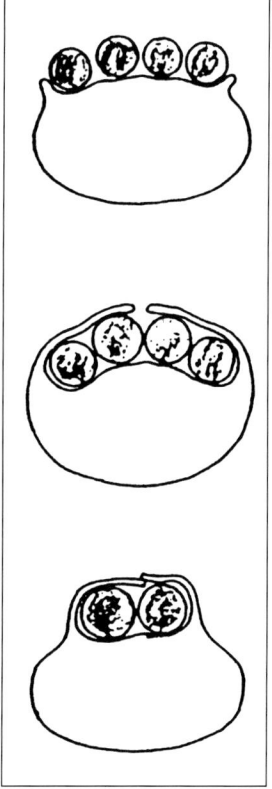

Larve des Beutelfrosches *Gastrotheca riobambae* mit eng anliegenden, großflächigen Kiemen
rechts:
Schematische Schnittbilder durch die Rückentaschen mit Eiern bei den Schüsselrücken-Laubfröschen *Fritziana goeldii* (links) und *F. fissilis* (Mitte) sowie dem Tassen-frosch *(Flectonotus pygmaeus)* (nach Duellmann & Gray)

93

## Stimulation des Ablaichens

Um die Fortpflanzung von Laubfröschen einzuleiten, muß man sich Kenntnisse über die Lebensweise der zu züchtenden Species in ihrer natürlichen Umgebung aneignen. Viele terraristisch bekannte Arten werden im speziellen Teil dieses Buches vorgestellt, neu importierte erfordern ein individuelles Studium in der weiterführenden Fachliteratur. So kann man erst nach der Kenntnis der natürlichen Paarungszeit eines Hyliden Schlußfolgerungen über den günstigsten Zeitpunkt der Stimulation ziehen und eine den Jahreszeiten im Vorkommensgebiet entsprechende Haltung gewährleisten.

Laubfrösche gemäßigter Breiten lassen sich am besten nach einer mehrwöchigen Winter- oder Trockenruhe durch plötzliches Anheben der Haltungstemperatur und die Vergrößerung des Wasserbehälters dazu anregen, mit ihrem Paarungsverhalten zu beginnen. Ein wichtiger, oft vernachlässigter Faktor ist dabei das Licht. Erst bei Zunahme der Tageslänge stellt sich der Hormonhaushalt im Organismus auf die Fortpflanzungsperiode ein. Das allmähliche, der natürlichen Jahreszeit entsprechende Verlängern der Beleuchtungsdauer läßt sich leicht über einen Dunkelheitsschalter realisieren, die Dämmerungsphase am Morgen und am Abend wird mittels Potentiometer eingestellt. Dabei eignen sich geräumige, mit Glas oder Folie abgedeckte Freilandterrarien ideal für die natürliche Stimulation.

Springender Rotaugenfrosch *(Agalychnis saltator)*

94

Paarungen bei Makifröschen: Rotaugenfrosch *(Agalychnis callidryas)*

Paarungen bei Makifröschen: links Colima-Gespenstfrosch *(Pachymedusa dacnico-lor)*; oben Warziger Lemurenfrosch *(Phyllomedusa sauvagei)*

97

Die meisten tropischen Hyliden, aber auch jene aus Hochgebirgen und gemäßigten Bereichen der Südhalbkugel unserer Erde reagieren auf eine künstliche Beregnung mit dem prompten Einsetzen des Paarungsverhaltens. Dieser Prozedur sollte eine längere trockene Haltungsperiode vorangegangen sein. Mit dem Einsetzen des Beregnens ist es erforderlich, reichlich und vielseitig zu füttern. Ein Futterüberschuß darf zu dieser Zeit schon einmal im Behälter sein, die tägliche Reinigung des Beregnungsterrariums, insbesondere der regelmäßige Wasserwechsel, machen sich ohnehin erforderlich, da ja erwartet wird, daß die Frösche in das etwa 10 cm tiefe, den gesamten Terrarienboden bedeckende Wasserbecken laichen. Eine Beregnung kann mehr als eine Woche dauern, bis sie zum gewünschten Erfolg führt. Manchmal kommt es allerdings trotz intensiven Rufens der Männchen und sogar mehrfacher Paarungen nicht zur Laichabgabe. In diesem Falle fehlt oft ein letzter, entscheidender Stimulus, oder die Weibchen hatten keinen ausreichenden Laichansatz. Manchmal kann ein plötzliches Gewitter mit dem damit verbundenen Luftdrucksturz eine erfolgreiche Vermehrung induzieren.

Für Blattlaicher sollte das Beregnungsbecken mit geeigneten Pflanzen ausgestattet sein, also Bromelien für Bromelienlaubfrösche, großblättrige Pflanzen für Rotaugen- und Geisterfrösche und kleinblättrige für Makifrösche, die ihre Gelege bekanntlich tütenartig einrollen. Die Inkubation der Blattgelege erfolgt im Beregnungsterrarium im Beisein der Elterntiere, die gelegentlich Brutpflege betreiben. Erst nach dem Schlupf der Larven werden diese in separate Aquarien überführt und dort aufgezogen.

Manche, insbesondere neu importierte Arten, bereiten Schwierigkeiten bei allen ökologischen Versuchen, sie zu vermehren. Bei ihnen kann die einmalige Injektion eines Fortpflanzungshormons manchmal den Bann brechen. Selbstverständlich sollte die hormonelle Stimulation nur dann angewandt werden, wenn alle anderen Methoden gescheitert sind. Sie setzt Sachkenntnis und einige medizinische Fertigkeiten voraus. Mit sterilen Injektionsspritzen und Kanülen wird am besten ein synthetisches Hormonpräparat (etwa Sufragon) in einer Konzentration von ca. 40 g für ein Tier von der Größe des bekannten Kuba-Laubfrosches (*Osteopilus septentrionalis*) zunächst dem Männchen und einen halben Tag später dem Weibchen verabreicht. Die Injektion erfolgt so hypophysennah wie möglich, da die Hormonsubstanz sehr schnell abgebaut wird. Als günstig erwiesen sich Injektionen in die Oberarmmuskulatur. Sollte trotz richtiger Applikation kein Erfolg eintreten, so waren die

**Korallenfinger** *(Litoria caerulea)* **im Amplexus**

Paare nicht synchron zur Reife der Geschlechtsprodukte gekommen. Nun darf nach einer mehrwöchigen Pause ein weiterer Versuch gestartet werden. Durch hormonelle Stimulation entstandene Nachzuchttiere sind oft besser mit natürlichen Methoden zur Fortpflanzung zu bringen als Wildfänge. Als solches Verfahren kann diese Stimulationsform auch verstanden werden. Sie soll den Bann erst einmal brechen, um schließlich größere Gewähr für die Beregnungszucht zu geben, die von jedem Terrarianer durchgeführt werden kann. Optimale Erfolge sind auch bei der hormonellen Fortpflanzung nur dann gegeben, wenn dabei auch alle ökologischen Voraussetzungen (Jahreszeit, Beleuchtungsdauer, Luftfeuchtigkeit) stimmen.

99

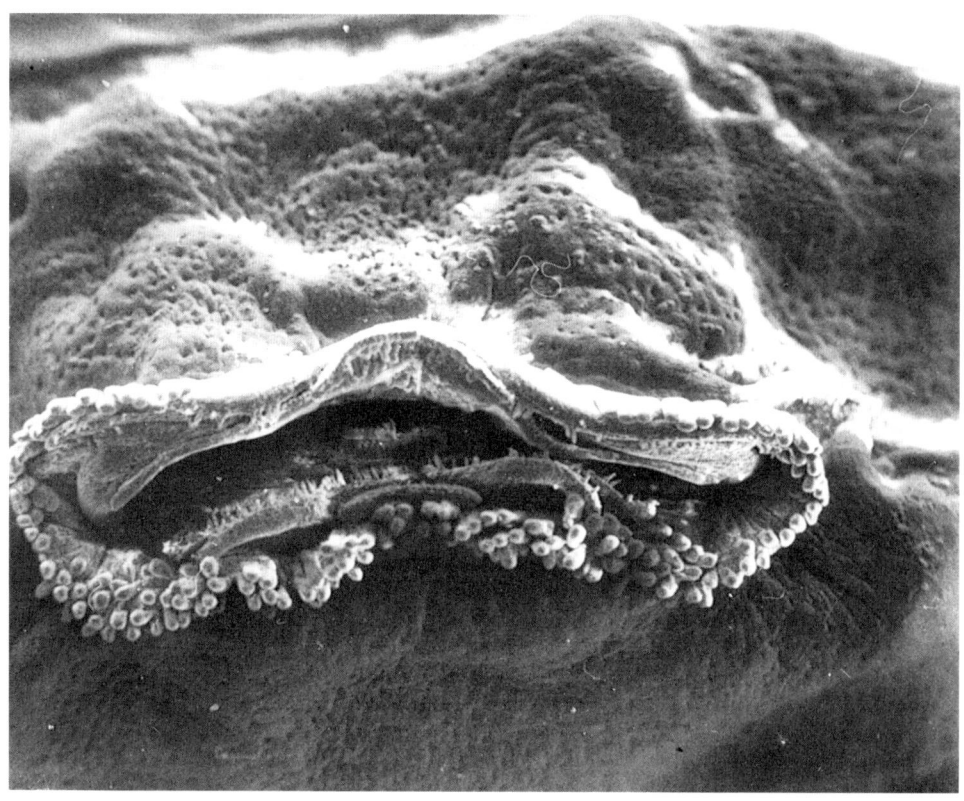

Rasterelektronenmikroskopische Aufnahme des Mundfeldes einer Larve des Makifrosches *Phyllomedusa hypochondrialis* (85fache Vergrößerung)

### Entwicklung vom Laich bis zur Metamorphose

Sind die Laubfroschlarven geschlüpft, so überführt man sie in möglichst flache, großräumige Aquarien, Plastikwannen oder ähnliche Behälter. Sie sollten stark durchlüftet werden und mit einem Durchlauffilter versehen sein. Nur ein täglicher Wasserwechsel garantiert hinreichend gute Aufzuchtbedingungen. Auch mit Pumpen betriebene Wasserdurchlaufsysteme werden empfohlen. Je weniger dicht die Larven gehalten werden, um so günstiger verläuft ihre Entwicklung. In sehr dichten Kaulquappenbeständen kommt es schnell zu Mißbildungen aufgrund von Wasserverschmutzungen bzw. -vergiftungen durch Exkrete, aber auch zum Crowding-Effekt. Dieser bewirkt ein Zurückbleiben eines Teils der Larven in ihrem Wachstum, um eine andere Gruppe zu bevorteilen. Niemals sollte man Kaulquappen verschiedener Laubfroscharten gemeinsam aufziehen. Hierbei kann es zu akuten Vergiftungserscheinungen, aber auch Haltungskonkurrenzen kommen.

Für manche Hylidenlarven ermittelte maximal erträgliche Temperaturen geben die obere Grenze der Wärmetoleranz an, beispielsweise für Kuba-Laubfrösche *(Osteopilus septentrionalis)* über 41 °C, nur 39,2 °C für den Australischen Wasserreservoirfrosch *Cyclorana cultripes* und den Roten Australienlaubfrosch *(Litoria rubella)*.

Als Futter für die meisten Hylidenlarven eignen sich neben Algensuspensionen (zum Beispiel von *Anabaena sphaerica)*, die von Larven des Frühlingspipers *(Hyla crucifer)* sehr gern gefressen werden, vielerlei pflanzliche Nahrungsstoffe. Sehr gut haben sich getrocknete und zerkleinerte Brennesselblätter, überbrühter Salat, Feinfrostspinat, aber auch viele Zierfischtrockenfuttermittel und Forellenpellets bewährt. Zusätzliche tierische Kost fördert dann, wenn sie in Maßen gereicht wird, die Larvenentwicklung. Solches Beifutter können sein: zerriebene Regenwürmer, andere Froschkaulquappen oder kleine Zierfische, frischtote Wasserflöhe und Tubifex sowie hartgekochtes Eigelb.

Die Larvenaufzuchtstemperaturen richten sich nach dem Vorkommensgebiet der jeweiligen Art. Sie liegen im allgemeinen zwischen 20 und 30 °C. Nach dem Einsetzen der Metamorphose ist gerade bei Laubfröschen zu beachten, daß die Umwandlung vom Wasser- zum Landtier sehr wenig Zeit in Anspruch nimmt. So erscheinen die Vorderextremitäten gewöhnlich plötzlich über Nacht. Wenn die Larven nun nicht rechtzeitig in abgeschlossene Jungtieraufzuchtsterrarien eingesetzt worden sind, muß man sie möglicherweise überall in der Wohnung wieder einsammeln, wobei die Gefahr des Vertrocknens groß ist. Sofort nach dem Vorhandensein aller vier Extremitäten können Laubfrösche nämlich

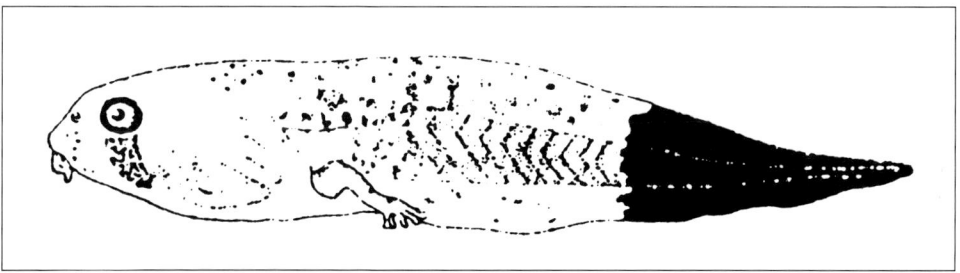

Einige Laubfroscharten sind apart gezeichnet und übertreffen selbst manche Zierfische in ihrer Attraktivität; hier die hübsche Kaulquappe von Smiths Laubfrosch *(Hyla smithi)* (nach Caldwell)

Fortpflanzungsbiologie von *Phyllomedusa hypochondrialis:* rechts Paarung; oben Jungtier in der Metamorphose; Folgeseite Gelege in einem Blatt

aktiv klettern, sie nutzen dabei bereits ihre vollständig funktionstüchtigen Haftzehen.

Die nun folgende Jungtieraufzucht gehört zu den arbeitsintensivsten Zeiten eines Terrarianers. Viele Arten produzieren mehrere hundert Larven und Jungtiere, so daß man gut daran tut, einen Teil an andere Züchter abzugeben. Der enorme Futtertierbedarf Hunderter hungriger Froschmäulchen kann viele Sorgen bereiten. Schließlich soll eine optimale, keine maximale Aufzucht erfolgen — auch in der Natur überleben nur wenige Individuen aus einem Gelege. Deshalb sollte man sich mit höchstens zweihundert Jungtieren begnügen, um Mangelerscheinungen vorzubeugen. Nicht nur die enormen (und mit der Zeit auch

teuren) Futtertiermengen bereiten Probleme, sondern auch die erforderliche tägliche Reinigung. Am besten zieht man junge Laubfrösche in geräumigen, großen Behältern auf, deren Bodengrund nur aus Wasser besteht und in deren Mitte eine derbe Blattpflanze steht. Jeden Tag sollten Wasserteil, Scheiben und Blätter gründlich gereinigt werden. Die Laubfrösche müssen stets von Futtertieren umgeben sein. Anfangs kleinere Arten fressen zunächst Essigfliegen und später Stubenfliegen. Es eignen sich aber auch Heimchenlarven und kleinere Mottenarten als Erstlingsfutter. Abwechslungsreiche Ernährung während des Wachstums sichert eine weitgehend normale Entwicklung der Jungfrösche. Alle Futtertiere müssen mit

Fortpflanzungsbiologie von *Phyllomedusa hypochondrialis:* Gelege in einem Blatt

Vitamin- und Mineralstoffgemischen bepudert werden. Außerdem benötigen die kleinen Laubfrösche viel Licht und meistens auch Wärme, um gut zu gedeihen.

Zuckende Gliedmaßen und Bewegungsstörungen weisen auf Vitamin-A-Mangel hin. Dieses Vitamin kann mit Hilfe einer Pipette oder stumpfen Kanüle in den Mund getropft werden.

Während des Wachstums dürfen letztendlich immer weniger Individuen in einem Terrarium verbleiben. Viele dicht sitzende Tiere entwickeln sich nur langsam. Die Nachzucht ist wirklich von Erfolg gekrönt, wenn die Geschlechtsreife der ersten Terrariengeneration eintritt und damit die Voraussetzung für die nächste Zucht gegeben ist.

# TERRARISTISCH BEKANNTE ARTEN DER HYLIDAE IM ÜBERBLICK

In diesem Kapitel werden einige von vielen Terrarianern gehaltene und schon oft nachgezüchtete Arten detailliert vorgestellt, aber auch erste Erfahrungen mit gerade in Menschenobhut gelangten Laubfröschen mitgeteilt. Selbstverständlich ist es nicht möglich, Vollständigkeit zu erzielen. Schließlich soll auch ein wenig Experimentierfreude und schöpferische Terraristik gefördert werden. Die hier genannten Haltungs- und Zuchtmethoden haben sämtlich schon einmal zum Erfolg geführt, oft liegen Erfahrungen und Ergebnisse vieler Terrarianer, Laboratorien und Vivarien zusammengefaßt vor. Sie stellen jedoch keine unbedingten Erfolgsrezepte dar, denn es handelt sich schließlich um lebende Tiere, die zuweilen sehr unterschiedlich reagieren.

Mitteleuropäischer Laubfrosch *(Hyla arborea arborea)*

## Eurasische Arten

Nur wenige Species der Familie Hylidae bewohnen den eurasischen Großkontinent. In Europa ist der Mitteleuropäische Laubfrosch *(Hyla arborea)* sehr bekannt geworden. Diese Art bevölkert neben Mittel- auch Teile Ost-, Süd- und Westeuropas. Schon seit vielen Jahren sind Mitteleuropäische Laubfrösche als „Kobolde" im Terrarium äußerst beliebt. Anfang dieses Jahrhunderts konnte man sie für den Spottpreis von 20 Pfennig in Zoohandlungen kaufen. Heute stehen sie

Oben und rechts: zwei Farbvarianten des Veränderlichen Laubfrosches *(„Hyla varie-gata")* — eine für Süditalien beschriebene, durch Lanza reaktivierte Art

in fast allen Ländern unter Schutz, so daß ihre Haltung einer Sondergenehmigung bedarf. Trotzdem befassen sich manche Terrarianer mit ihrer Zucht. In einem Institut der Universität Basel versuchen Biologen die Massennachzucht von *Hyla arborea,* um Wiederaussetzungen in geeignete Biotope vornehmen zu können. Die Vermehrung gelingt am besten nach einer kühlen Überwinterung der Tiere (Plastikbüchsen mit feuchtem Moos, die in Keller oder Kühlschrank bei ca. 5 °C einige Wochen lang gelagert werden). Durch eine Verlängerung der Beleuchtungsdauer und höhere Temperaturen läßt sich meistens das Paarungsverhalten stimulieren. Bis zu 450 Eier mit einem Durchmesser von ca. 0,9 mm werden in kleinen Ballen ins Wasser abgegeben. Die Larven schwimmen einzeln und zeigen keinerlei Schwarmverhalten. Sie entwickeln sich — je nach Wassertemperatur

— mehrere Wochen lang bis zur Metamorphose. Frisch umgewandelte Mitteleuropäische Laubfrösche fressen zunächst kleinste Heimchenlarven und Essigfliegen, nach zwei Wochen aber auch Stubenfliegen. Die Geschlechtsreife kann schon mit Beginn des zweiten Lebensjahres erreicht sein.

Sehr ähnlich gestaltet sich die Fortpflanzung der meist etwas größeren kaukasischen Unterart *H. a. schelkov-*

*nikovy*. Der auf Korsika und Sardinien beheimatete Tyrrhenische Laubfrosch *(H. a. sarda)* benötigt etwas wärmere Temperaturen für die sommerliche Haltung (etwa 30 °C), aber auch während der Überwinterung (bei ca. 10 °C). Ähnliche Bedingungen bevorzugt der im mediterranen Bereich Europas und einem Zipfel Nordafrikas vorkommende Mitttelmeerlaubfrosch *(H. meridionalis)*. Wie bei vielen in dieser Region behei-

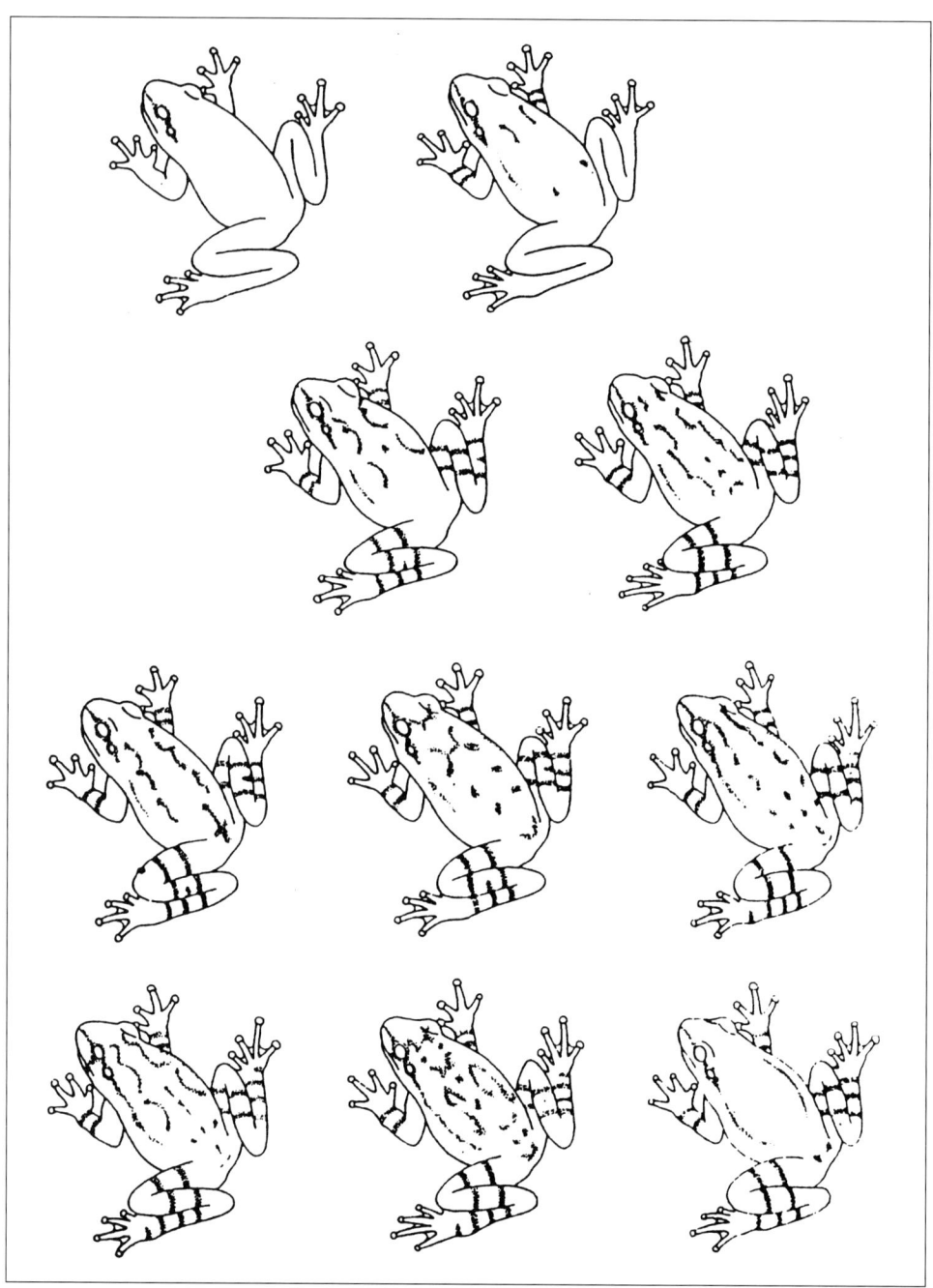

Variabilität der Zeichnungsmerkmale des Japanischen Laubfrosches *(Hyla japonica)* (nach Okada)

*Hyla annectans* ist an der gelbschwarzen Schenkelzeichnung zu erkennen

mateten Arten beginnt die Paarungszeit im Dezember und endet im März. Als ideale Tagestemperatur werden für die Fortpflanzungsperiode 20 °C (Tag) und 14 °C (Nacht) angegeben. So wie alle anderen europäischen Hylidenarten halten sie sich gern während der ca. zwei Stunden andauernden Paarung an Wasserpflanzenstengeln fest, an die sie schließlich auch ihre kleinen Laichballen heften. Der von Kleinasien bis Israel verbreitete Savignyis Laubfrosch *(H. savignyi)* benötigt eine trockene Terrarienhaltung von Januar bis September, um sich von Oktober

bis Dezember während einer feuchteren, kühleren Jahreszeit zu vermehren. Die Entwicklung dieser Art dauert bei 25 °C von der Eiablage bis zum Abschluß der Metamorphose 96 Tage. Alle diese im weitesten Sinne europäischen Arten lassen sich auch ausgezeichnet im Freilandterrarium halten und züchten.

Auch das asiatische Festland sowie die fernöstliche Inselwelt beherbergen nur wenige Laubfroscharten. Hier haben bereits die Ruderfrösche (Rhacophoridae) insbesondere in südlicheren Regionen die ökologischen

109

Chinesischer Laubfrosch *(Hyla chinensis)*

haltung adaptiert. Man pflegt und züchtet sie genauso wie den Mitteleuropäischen Laubfrosch *(H. arborea);* ihre Fortpflanzungszeit beginnt im April und endet im Juni. Die 1,5 bis 1,8 mm großen Eier werden in Ballen von 5 bis 20 Stück an Pflanzenstengel geheftet.

Verschiedene Regionen Chinas werden sowohl von Hyliden als auch von Rhacophoriden bewohnt. So kommen dort beispielsweise *Hyla chinensis, H. sanchiangensis* und *H. tsinlingensis* vor. Die erstere Art wurde gelegentlich importiert und benötigt ähnliche Haltungsbedingungen wie der Mittelmeerlaubfrosch *(H. meridionalis).* Bis in den tropischen Bereich Südasiens drang nur eine Laubfroschart vor: *H. annectans.* Diese oberseits grün gefärbten Froschlurche sind an ihrer hübschen gelb-schwarzen Zeichnung der Schenkelrückseiten erkennbar. Man pflegt sie in feuchtwarmen Terrarien mit vielen Kletter- und Versteckmöglichkeiten. Sie lassen sich auch mit anderen südasiatischen Arten vergesellschaften. Über eine Zucht wurde noch nichts bekannt.

Nischen baumbewohnender Anuren besetzt. Die wohl bekannteste und vielfach gezüchtete Art ist der im gemäßigten, nicht zu kalten Klima des fernen Ostens beheimatete Japanische Laubfrosch *(Hyla japonica).* Sehr viele Farbnuancen findet man von diesen im Gegensatz zu den europäischen Arten rundlicher wirkenden Tieren: grau über bräunlich, grün bis gelb, braun oder schwarz, gefleckt oder ohne Zeichnung. Da diese Art in Japan als Labortier permanent gezüchtet wird, sind die meisten importierten Exemplare dieser Frösche bereits sehr früh an die Terrarien-

### Arten der australischen Region

Nicht immer verblieben die australischen Laubfrösche in ihren angestammten Lebensräumen. Während viele Tierarten in Australien eingebürgert wurden, verfrachtete man gerade die Laubfrösche in andere Bereiche der Erde. Hier einige Beispiele:

Goldlaubfrosch *(Litoria aurea)*, Korallenfinger *(L. caerulea)*, *L. ewingi* und *L. raniformis* eroberten durch ihre Einbürgerung Neuseeland. Goldlaubfrösche wurden aber auch auf Neukaledonien und die Neuen Hebriden verfrachtet, *L. ewingi* sogar nach England, *L. fallax* bewohnt neuerdings auch Guam, und der Neuguinea-Riesenlaubfrosch *(L. infrafrenata)* gilt seit der Jahrhundertwende als lästiges Element der Faunenverfälschung auf Java. Folgende Arten werden immer wieder in australischen Bananentransporten gefunden und auf diese Weise als „blinde Passagiere" ausgeführt: Zweifarb-Australienlaubfrosch *(L. bicolor)*, Neuguinea-Riesenlaubfrosch *(L. infrafrenata)*, *L. gracilenta*, *L. rothi*, Roter Australienlaubfrosch *(L. rubella)*, *L. fallax*, *L. phyllochroa* und Korallenfinger *(L. caerulea)*.

Eine Fülle von Hylidenarten der australischen Region ist mittlerweile bekannt. Erst in jüngerer Zeit wurde manche neue Species beschrieben, beispielsweise *Litoria longirostris* und *L. xanthomera* von Queensland, *L. piperata* von Neusüdwales oder *L. umbonata* von 1600 m Gebirgshöhe aus Neuguinea. Mehrere taxonomische Auffassungen über die Artengruppen innerhalb der Gattung *Litoria* werden von den Amphibien-

*Litoria splendida*, eine australische Laubfroschart, die dem Korallenfinger *(Litoria caerulea)* sehr ähnelt

Neuguinea-Riesenlaubfrosch *(Litoria infrafrenata)*

kundlern vertreten; die modernste Theorie unterscheidet vier große Gruppen: *Litoria lesueurii*-Komplex, *L. aurea*-Komplex, *L. bicolor*-Komplex und *L. ewingi*-Komplex. Der Neuguinea-Riesenlaubfrosch *(L. infrafrenata)* nimmt durch seine höhere Chromosomenzahl (26) gegenüber allen anderen Arten der Gattung (24) eine taxonomische Sonderstellung ein.

Zu den bekannteren, auch im Terrarium öfter gehaltenen Arten gehört der Goldlaubfrosch *(Litoria aurea)*.

Gemeinsam mit *L. raniformis* und einigen weiteren Species ähnelt er den Echten Fröschen (Ranidae) sehr und führt auch eine entsprechende Lebensweise. Mehr als andere Laubfrösche sind Goldlaubfrösche in ihrer Biologie ans Wasser gebunden. Sie nehmen dabei die ökologische Nische der Wasserfrösche ein. Weiher und Teiche, aber auch Altarme der Flüsse werden von ihnen besiedelt.

Zur Paarungszeit rufen die Männchen schwimmend auf der offenen Wasserfläche. Auch ihre Laichballen schweben zunächst an der Oberfläche, sinken jedoch später hinab. Für die Haltung sind geräumige Terrarien mit großflächigen Wasserbehältern erforderlich. Eine erfolgreiche Zucht im Terrarium konnte bisher noch nicht gemeldet werden.

Eine noch ausgeprägtere aquatische Lebensweise führt die Art *L. dahlii*. Diese Frösche sind in ganz besonderer Weise in der Lage, von der Wasseroberfläche abzuspringen, um ein Futtertier zu erhaschen. Dabei können sie etwa 10 cm über die Wasserfläche hinaus springen.

Über die Besonderheiten der Fortpflanzung australischer Laubfrösche sind bisher nur wenige Details bekannt geworden. So weiß man beispielsweise vom Iris-Laubfrosch *(L. iris)*, daß er Gelege an Blätter über fließenden Gewässern heftet. Die ca. 730 Eier der Art *L. verreauxi* haben einen Durchmesser von 1,23 mm, ihre Entwicklung dauert etwa 6 Tage bis zum Schlupf der Larven. An der Morphologie der Kaulquappen lassen sich Arten, die in Fließgewässern (etwa *L. arfakiana)* und Weihern bzw. Tümpeln laichen (wie der Zweifarb-Australienlaubfrosch, *L. bicolor)*, unterscheiden. Erstere sind durch abgeflachte Körperform und eine große Saugscheibe um das Mundfeld herum gekennzeichnet. Letztere besitzen einen rundlichen Körper und einen relativ großflächigen Hautsaum am Schwanz.

Die terraristischen Erfahrungen mit *Litoria*-Arten sind relativ gering.

In jüngster Zeit erfolgten Importe des hübschen Roten Australienlaubfrosches *(L. rubella)*. Diese Art ist je nach Stimmung und Tageszeit gelblich ocker bis rotbraun gefärbt und kann plötzlich sogar eine netzartige Fleckung annehmen. Genügsamkeit und einfache Haltungsbedingungen bewirkten es, daß es bei den Importtieren bisher nur wenige Verluste gab. Am besten eignet sich ein hohes, halbfeuchtes Terrarium mit Kletterpflanzen und einem kleineren Wasserbehälter. Die Temperaturen sollten zwischen 20 und 26 °C liegen. Durch die relativ hohe Individuenzahl der in Terrarien gehaltenen Tiere und offensichtlich gute Haltbarkeit bleibt zu hoffen, daß auch eine Zucht nicht mehr lange ausbleibt.

Roter Australienlaubfrosch *(Litoria rubella)*

Die bekannten Neuguinea-Riesen-laubfrösche *(L. infrafrenata)* gehören zu den leicht zu vermehrenden Arten. In geräumigen Terrarien mit einem vollständig als Wasserteil genutzten Boden laichen sie bei einem Wasser-stand von ca. 10 cm oft spontan ab. Das kann auch mehrfach hintereinan-der geschehen. Mitunter fallen deshalb in kürzester Zeit Tausende Larven an, die sich in wenigen Wochen bei nicht zu dichtem Besatz mit pflanzlicher Kost aufziehen lassen. Man sollte gerade bei dieser Art auf einen Teil der Larven verzichten, da so enorm viele Jungfrösche mit großer Wahrschein-lichkeit Entwicklungsfehler bei zu dichter Haltung bzw. Unterernährung davontragen. Die Geschlechtsreife tritt meist erst im dritten Lebensjahr ein: Das zunächst rasche Wachstum der Jungfrösche verlangsamt sich nach einem halben Jahr wesentlich. Neugui-nea-Riesenlaubfrösche sind in ihrer Heimat Froschfresser. Sie leben auch kannibalisch, so daß sowohl kleinere Artge-nossen, aber auch mit ih-nen vergesellschaftete andere Frösche verspeist werden, wenn sie nur irgendwie zu ver-schlingen sind. Die hektischen, scheuen Bewegungen erschwe-ren oft den Umgang mit diesen Tieren. Oft entschlüpft einmal ein Frosch bei Reinigungs- oder Fütterungsarbeiten aus dem Terra-rium, um in sehr weiten Sprüngen rasch zu fliehen. Diese Hyliden stre-ben eigenartigerweise dem Licht zu, so daß ein geöffnetes Fenster den sicheren Ver-lust eines freigekomme-nen Neuguinea-Laub-frosches bedeuten kann.

Zu den klassischen Terrarientieren gehört zweifellos der Koral-lenfinger *(L. caerulea).* Seine porzellanartig erscheinende Haut mit zuweilen weißen oder zitronengelben Pünt-chen macht ihn zu einem ungewöhnlich aussehenden, aparten Pflegling. Der Ver-breitungsschwer-punkt dieser Art befindet sich am nördlichen

Die aquatisch lebende Art *Litoria dahlii* beim Futterfang (nach Robin-son & Cappo)

Jungtier des Australischen Wasserreservoirfrosches *(Cyclorana novaehollandiae)*

Küstenstreifen Australiens. Als Kulturfolger bewohnen Korallenfinger sehr unterschiedliche Biotope und dringen sogar in menschliche Behausungen ein. Im natürlichen Areal findet die Fortpflanzung während der Regenzeit von Dezember bis Januar statt. Korallenfinger galten viele Jahre lang als nicht züchtbar, bis der Bann mit Hilfe einiger hormoneller Stimuli gebrochen werden konnte. Neben dem erfolgreich zur Erstzucht angewandten Sufragon (60 g pro Tier) gelang aber auch eine Vermehrung durch Gaben von Human-Choriongonadotropin (5000 i.E. pro Tier).

Inzwischen lassen sich aber die Nachkommen der hormonell stimulierten Erstzuchten durch ihre gute Gewöhnung an das Terrarienmilieu mit ökologischen Methoden zur Fortpflanzung bringen. Am besten eignet sich dazu ein geräumiges Beregnungsbekken, das bei ca. 18 bis 20 °C an ein Fenster mit natürlichem Licht gestellt wird. Außer der Beregnung nach wärmerer, trockenerer Haltung und guter Fütterung hilft oft ein Gewitter mit seinem abrupten Luftdruckabfall, um das Laichen einzuleiten. Laute Rufe der Männchen kündigen die Fortpflanzung an, manchmal sitzen die

Paare tagelang in Um-
klammerung. Die Lar-
venaufzucht erfolgt
wie bei den meisten
Hyliden mit pflanz-
licher Nahrung und
Temperaturen von
25 °C. Nach ca.
30 Tagen sind die
ersten Jungfrösche
fertig entwickelt und
verlassen das Wasser.
Sie nehmen dann
bereits größere Fut-
tertiere, etwa Stuben-

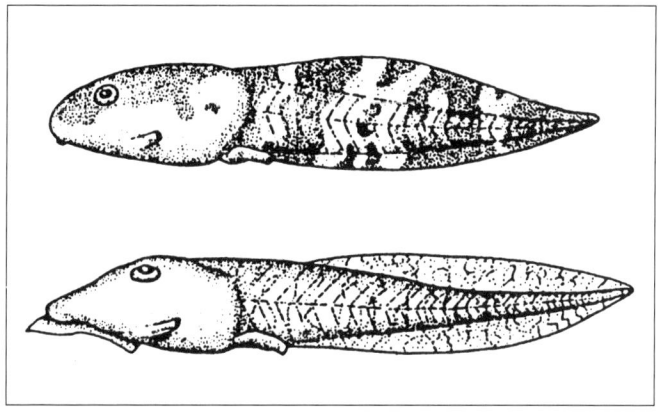

Larven von Australienlaubfröschen, die in fließenden
(*L. arfakiana*, unten) und in stehenden (*L. bicolor*, oben)
Gewässern laichen (nach Menzies)

fliegen, an. Durch ihre Freßgier wachsen die jungen Korallenfinger sehr
rasch heran. Vor einer Überfütterung
der erwachsenen Frösche muß aber
gewarnt werden, da sie sonst durch
Verfettung nicht mehr in der Lage
sind, sich fortzupflanzen. Manchen
älteren Individuen wächst ein häutiger
Lappen über dem Auge, der dieses
dachartig bedeckt. Auch eine Haltung
von Korallenfingern im Wohnzimmer
wurde bereits praktiziert. Selbst in
trockenen Neubauwohnungen ist das
Leben dieser Frösche möglich, ohne
daß sie dabei Schaden nehmen. Tagsüber halten sie sich gerne in einer

Der Australische Wasserreservoirfrosch (*Cyclorana novaehollandiae*, rechts) ist mehr
an die terrestrische Lebensweise angepaßt, der Flachkopfwasserreservoirfrosch
(*C. platycephala*, links) an die aquatische (nach Robinson & Cappo)

Grünpflanzengruppe auf, nachts benötigen sie einen kleinen Wasserbehälter, um über den Darm wieder Flüssigkeit auftanken zu können.

Die zum Teil in halbwüstenähnlichen Gegenden Australiens vorkommenden Wasserreservoirfrösche *(Cyclorana)* wurden bisher nur gelegentlich zum Studium ihres eigenartigen Grabverhaltens gehalten. So beobachtete man auch ihre Fähigkeit, über lange Zeit hinweg Wasser zu speichern. Die Tiere häuten sich dafür mehrfach in ihrer Erdbehausung, so daß eine durchsichtige, an Plastikfolie erinnernde Hülle entsteht, die den Frosch wie „eingeschweißt" erscheinen läßt.

Eine typische terrestrisch lebende Art ist der Neuholland-Wasserreservoirfrosch *(Cyclorana novaehollandiae)*. Andere Species, zum Beispiel der Flachkopf-Wasserreservoirfrosch *(C. platycephala)*, paßten sich ähnlich *Litoria dahlii* dem aquatischen Leben an. Dem entsprechen Körperbau und Verhalten. Es bleibt zu wünschen, daß diese hochinteressanten Frösche öfter in die Terrarien gelangen, um noch mehr über ihre besonderen Verhaltensweisen zu erfahren.

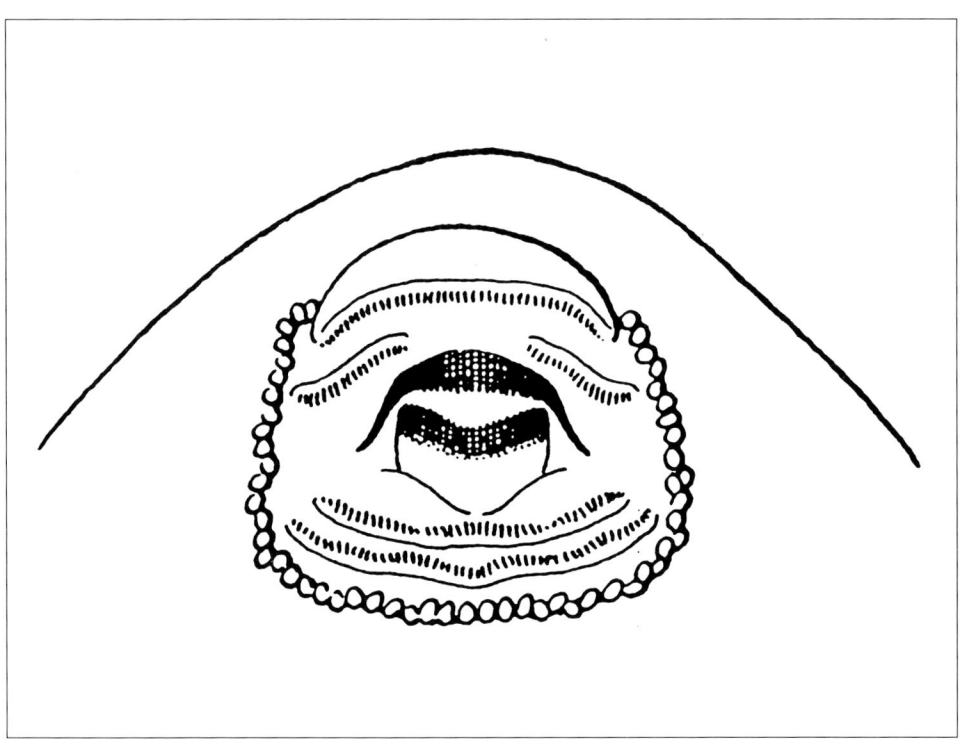

Larvenmundschema des Grillenfrosches *(Acris crepitans)*

## Nordamerikanische Arten

Die untypischsten Hyliden Nordamerikas sind Höhlenlaubfrösche *(Pternohyla fodiens)*. Diese bis zu 6,2 cm groß werdenden bodenlebenden Tiere graben sich Behausungen im Erdreich. Die laute, quakende Stimme ertönt häufig in den Weststaaten nahe der Pazifikküste, wo die Höhlenlaubfrösche auch Gebirgslebensräume in Höhen bis zu 1490 m bewohnen. Über die Pflege vereinzelt in Labors gehaltener Exemplare ist bisher nicht viel bekannt geworden.

Aktivere und im Terrarium besser sichtbare Hyliden kamen mit den Grillen- und Chorfröschen *(Acris* und *Pseudacris)* in Menschenobhut. Der Grillenfrosch *(Acris crepitans)* erreicht eine Körperlänge von nur 3,5 cm. Er und die mit ihm nahe verwandte Art *A. gryllus* zeichnen sich im Gegensatz zu anderen nordamerikanischen Laubfroschgattungen durch an den Oberschenkeln befindliche Warzen aus. Grillen- und Chorfrösche sind an das Leben in und an stehenden Gewässern adaptiert. Von März bis November, aber auch an warmen Wintertagen (sie überwintern 8 bis 14 cm tief im Uferboden vergraben), findet man diese Frösche zumeist schwimmend an der Wasseroberfläche kleinerer Teiche und Weiher. *A. crepitans* vermehrt sich von April bis Juli; die Tiere legen ihre maximal 400 Eier in kleinen Ballen von 2 bis 7 Laichkörnern. Nach 3 bis 4 Tagen schlüpfen die Larven. Sie weisen keinerlei Schwarmverhalten auf und verhalten sich solitär. Bis zur Metamorphose benötigen sie je nach Temperatur und Fütterung 5 bis 10 Wochen. Für die Zucht der Grillenfrösche eignen sich am besten Aquaterrarien mit großem Wasserteil (etwa 10 cm Mindestwasserstand) und vielen Wasser- und Sumpfpflanzen. Eine Winterruhe und anschließende warme Beregnung löst das Paarungsverhalten aus.

Der westliche Chorfrosch *(Pseudacris triseriata)* wurde in manchen Gebieten zum Kulturfolger und besiedelt urbane Gewässer. Durch seine freiwillig gewählte Nähe zu menschlichen Behausungen ist auch die gute Haltbarkeit im Terrarium erklärbar. Die genügsamen Tiere fühlen sich in großflächigen, mit großem Wasserteil versehenen, gut bepflanzten Terrarien am wohlsten. Im natürlichen Lebens-

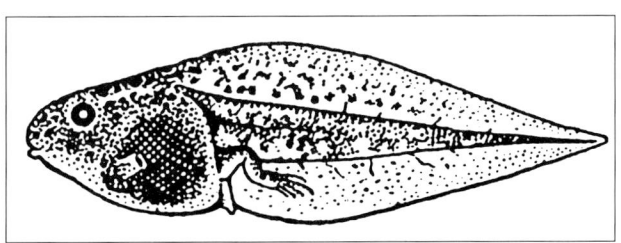

Larve des westlichen Chorfrosches *(Pseudacris triseriata)* (aus Stebbins)

119

raum beginnt ihre Paarung bereits im Februar. In dieser Zeit sollte auch im Terrarium nach kurzer Überwinterung eine Beregnungsperiode einsetzen. Die Männchen blähen dabei ihre gelbe Schallblase auf und lassen den lauten Ruf im „Gemeinschaftsgesang" ertönen, was ihnen den Trivialnamen „Chorfrösche" eintrug. Die bis zu 3,4 cm großen Weibchen (Männchen 3,2 cm) legen ihre bis zu 1500 Eier in Ballen von 20 bis 200 Laichkörnern ab. Chorfroschkaulquappen erreichen 3 cm Länge vor dem Einsetzen der Metamorphose, die nach 1 bis 2 Monaten abgeschlossen ist.

Sehr ähnlich verläuft auch die Fortpflanzung des mit 3 cm kleiner bleibenden Clarks Chorfrosches *(P. clarki)*. Er kommt in bewaldeten Gebieten vor und ist während der Regenperioden im Spätfrühjahr und Sommer besonders aktiv. Die 1000

Eichhörnchen-Laubfrosch *(Hyla squirella)*

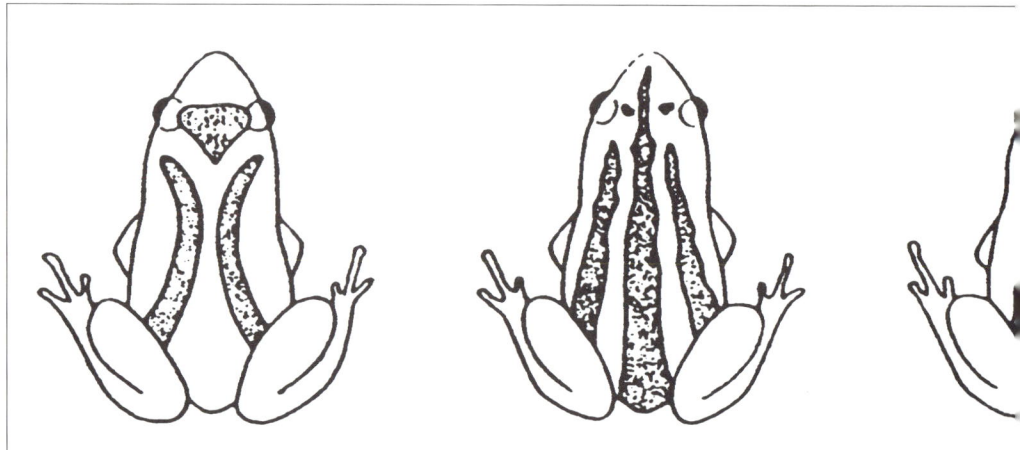

Zeichnungen der nordamerikanischen Chorfrösche (v. li. n. re.): *Pseudaeris brachyphoma,*

Eier werden in Ballen mit jeweils 6 bis 30 Laichkörnern zwischen Wasserpflanzen abgesetzt. Je nach Temperatur erfolgt der Schlupf nach 2 bis 10 Tagen.

Den Grillen- und Chorfröschen ähnelt sehr der Frühlingspiper *(Hyla crucifer)*. Diese nur 3,2 cm groß werdenden Hyliden sind durch eine markante, dunkle, kreisförmige Rückenzeichnung erkennbar. Als Kulturflüchter bevorzugt der Frühlingspiper waldige, gewässerreiche Lebensräume. Seinen Trivialnamen erhielt er aufgrund des im März erschallenden pfeifenden Paarungsrufes der Männchen. Die Eiablage erfolgt einzeln, also nicht in Ballenform. Während ein Froschpaar an einem Pflanzenstengel langsam emporklettert, legt das Weibchen perlenkettenartig ein Ei nach dem anderen (insgesamt bis zu 1000) ab. Nach maximal 15 Tagen erfolgt der

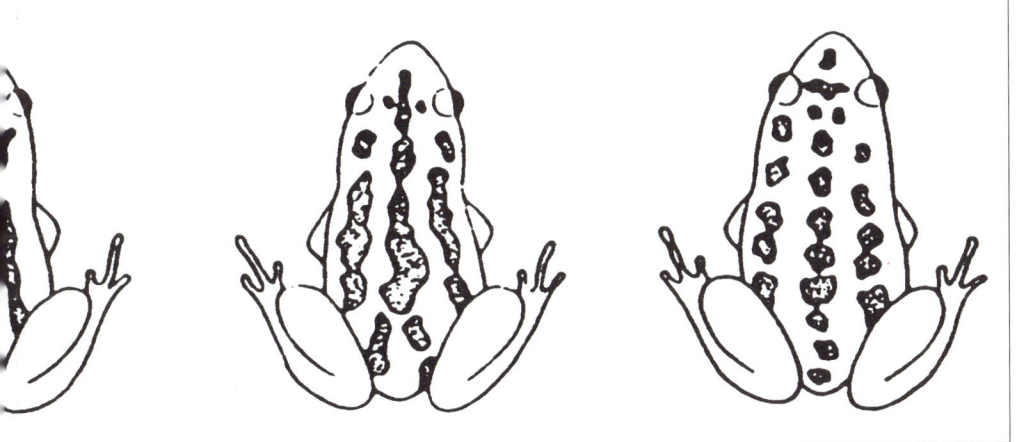

*riseriata triseriata, P. triseriata feriarum, P. nigrita nigrita, P. nigrita verrucosa* (aus Conant)

121

Frühlingspiper *(Hyla crucifer)*

Schlupf, und in ca. 100 Tagen ist die Metamorphose abgeschlossen. Frisch umgewandelte Frühlingspiper messen 12 bis 13,5 mm.

Die sehr ähnlichen, fast nur durch ihre unterschiedlichen Chromosomensätze unterscheidbaren Arten Veränderlicher Laubfrosch *(H. versicolor)* und *H. chrysocoelis* wurden ebenfalls mehrfach im Terrarium gezüchtet. Auch sie benötigen eine mehrwöchige Winterruhe. Von April bis Juli erstreckt sich die Fortpflanzungsperiode in den natürlichen Biotopen, wobei bis zu 2000 Eier vom Weibchen in flottierenden Ballen aus jeweils 30 bis 40 Eiern abgegeben werden. Nach etwa fünf Tagen erfolgt der Schlupf. Nach zwei Monaten haben die frisch metamorphosierten, 15 bis 16 mm großen Jungtiere die Larvenentwicklung abgeschlossen.

In relativ trockenen Terrarien pflegt man Canyon-Laubfrosch *(H. arenico-*

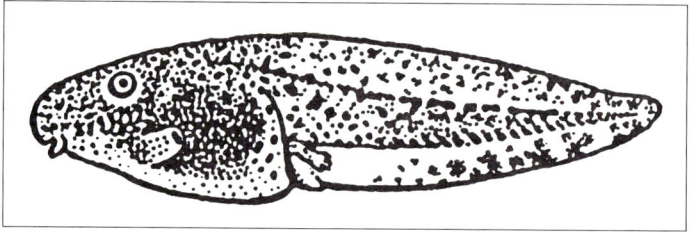

Larve des Kadaverfrosches *(Hyla cadaverina)* (aus Stebbins)

Bellender Laubfrosch *(Hyla gratiosa)*

*lor)* und Cadaver-Laubfrosch *(H. cadaverina)*. Letztere Art kann durch einen speziellen Stoffwechselmechanismus die Wasserabscheidung mit den Exkreten verringern, wenn es die ökologische Situation erfordert. Beide Arten lassen sich nach einer trockeneren Haltungsperiode durch plötzliche Beregnung zur Laichabgabe stimulieren. Paarung und Larvenentwicklung erfolgen ähnlich den oben beschriebenen Beispielen. Die in Südcarolina geschützten Andersons Laubfrösche *(H. andersoni)* sollten wegen ihrer Seltenheit nicht im Terrarium gehalten werden, obwohl von Laboruntersuchungen die Bedingungen für ihre Haltung bekannt sind.

Vogelstimmenlaubfrösche *(H. avivoca)* beginnen im Mai mit ihrer Fortpflanzung. Bei 22 bis 25 °C erschallen aus den Zypressensümpfen, ihren natürlichen Biotopen, laute, vogelstimmenähnliche Rufe. Die bis zu 4,6 cm großen Weibchen legen bis zu 840 Eier, meist aber erheblich weniger. Durch die hohen Vorzugstemperaturen dieser wärmeliebenden Art ist die gesamte Embryonal- und Larvenentwicklung im Labor bereits nach 29 Tagen abgeschlossen. Viele weitere nordamerikanische Hyliden, beispielsweise Bellender Laubfrosch *(H. gratiosa)*, Kiefernlaubfrosch *(H. femoralis)*, Eichhörnchenlaubfrosch *(H. squirella)*, Gebirgslaubfrosch

123

Karolina-Laubfrosch *(Hyla cinerea)*

*(H. eximia)* oder Königslaubfrosch *(H. regilla)*, lassen sich unter ähnlichen Haltungsbedingungen wie die oben beschriebenen Arten im Terrarium vermehren. Alle konnten bereits erfolgreich gezüchtet und aufgezogen werden, so daß ein ausreichendes Angebot dieser hübschen Tiere in Zoohandlungen und bei Terrarianern vorhanden ist.

Ganz besonderer Beliebtheit erfreut sich allerdings der wunderschön grün gefärbte Karolina-Laubfrosch *(H. cinerea)*. Diese Art bewohnt im Süden des nordamerikanischen Kontinents Wasserhyazinthenteppiche der großen Sumpf- und Wasserflächen. Hier bilden die Männchen Reviere und dulden darin sogar mehrere nicht rufende Geschlechtsgenossen, da die Populationen meist sehr individuenreich sind. Über die Zucht liegt eine Vielzahl von Berichten vor. Nach einer Überwinterung bei ca. 14 °C folgt ein Temperaturanstieg um Temperaturen auf 22 °C. Dieser Vorgang stimuliert Paarungsverhalten und Laichablage. Entwicklung von Eiern und Larven verlaufen analog den bereits gegebenen Beispielen.

### Süd- und mittelamerikanische Arten

In der neotropischen Region entwickelten die Laubfrösche ihre größte Formenvielfalt. Wunderschöne, apart gezeichnete und grell gefärbte Arten beeindrucken jeden Amphibienfreund: Weißpunktlaubfrösche *(Hyla albosignata)* mit weißen Tupfen auf dunkelgrünem Grund, Vielstreifenlaubfrösche *(H. polytaenia)* mit vielen schokoladenbraunen Streifen auf orangefarbenem Grund, *H. anceps,* eine Art, deren Zebrastreifung der Oberschenkel auffällt, molochähnliche Spornhöcker der panamaischen Varietät von Lancasters Laubfrosch *(H. lancasteri),* die grüne *H. uranochroa* mit den knallroten Augen, *H. catrache,* die aus Bronze zu sein scheint, oder *H. zeteki,* eine kurzköpfige, grillenartig wirkende Art. Die meisten Hyliden bewohnen unterschiedliche Höhenzonen des tropischen Regenwaldes und der Feuchtsavanne. Dabei haben sich einige auch an das insbesondere auf der Küstenkordillere und im Andengebiet herrschende Gebirgsklima adaptiert. Aus der Fülle der Arten sollen hier nur einige in ihrer Lebensweise und Terrarienhaltung beschrieben werden. Viele Angaben über einige Species lassen sich auf eine andere, im selben Areal vorkommende oder ökologisch ähnlich angepaßte übertragen.

Sehr viele Laubfrösche laichen während der Regenfälle in mehr oder weniger langen Abständen während des gesamten Jahres. Die Wasserlaicher wählen dabei jeweils spezielle Zonen von Weihern, Tümpeln oder ruhigen Stellen von Urwaldbächen aus. Der bis zu 2,8 cm groß werdende Debile Laubfrosch *(Hyla debilis)* laicht beispielsweise in Bächen. Die wegen ihres kurzen Kopfes nicht sehr „intelligent" aussehenden Tiere rufen grillenartig zirpend auf der Bachrandvegetation. Ihre Larven befinden sich an Ruhestellen der Fließgewässer, etwa zwischen Steinen. Jungtiere messen nach Abschluß der Metamorphose 0,9 cm. Ähnlich lebende Arten sind auch Smaragdlaubfrosch *(H. smaragdina), H. colymba, H. tica, H. thorec-*

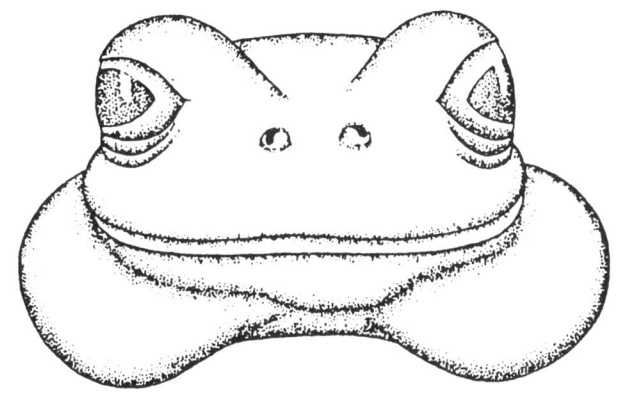

Rufendes Männchen von *Hyla pseudopuma* mit aufgeblähter, bilobater Schallblase (nach Duellmann)

*tcs, H. rivularis, H. warszewitschi* und *H. salvadorensis.*

Eine in Gebirgsbäche laichende Art ist *H. pictipes,* ihre Fortpflanzung findet von März bis Mai statt. Alle Bachlaubfrösche sollten in einem reich bepflanzten Terrarium mit künstlichem Wasserlauf gehalten werden. Sie laichen auch bei günstigen Haltungsbedingungen, wenn eine zusätzliche Beregnungsanlage das Fortpflanzungsverhalten stimuliert. Im allgemeinen sind diese Tiere sehr empfindlich gegen Verschmutzungen. Ihre Larven benötigen sehr sauberes, sauerstoffreiches Wasser, das am besten über eine Umwälzpumpe permanent bewegt und gefiltert wird.

Laubfrösche, die in temporäre Gewässer laichen, halten sich in trok-

keneren Bereichen auf und lassen sich ausgezeichnet und oft rasch mit Hilfe eines künstlichen Regens im Terrarium vermehren. Es handelt sich zumeist um Explosionslaicher, die auf erhöhte Luftfeuchtigkeit schnell reagieren. *H. rhodopepla, H. parviceps, H. phlebodes* und der Kleinkopflaubfrosch *(H. microcephala)* gehören in diese ökologische Gruppe. Die letztere Art wird bis zu 3 cm groß und laicht in Überschwemmungsgebieten.

Auch die erst unlängst beschriebenen Laubfrösche *H. allenorum* und *H. koechlini* bevorzugen Tümpel als Fortpflanzungsort. Ihre Gelege umfassen bis zu 350 Eier, die als Oberflächenfilm im Wasser flottieren und 1,1 mm messen. Nach 48 Stunden schlüpfen die Larven und wachsen innerhalb von neun Tagen auf 7,3 mm heran.

Permanente Gewässer dienen einer weiteren ökologischen Gruppe von Hyliden als Laichgewässer. Eine solche Art ist der 2,9 cm groß werdende Variable Laubfrosch *(H. variabilis)* aus Kolumbien. Bei Tagestemperaturen um 24 °C und Nachttempera-

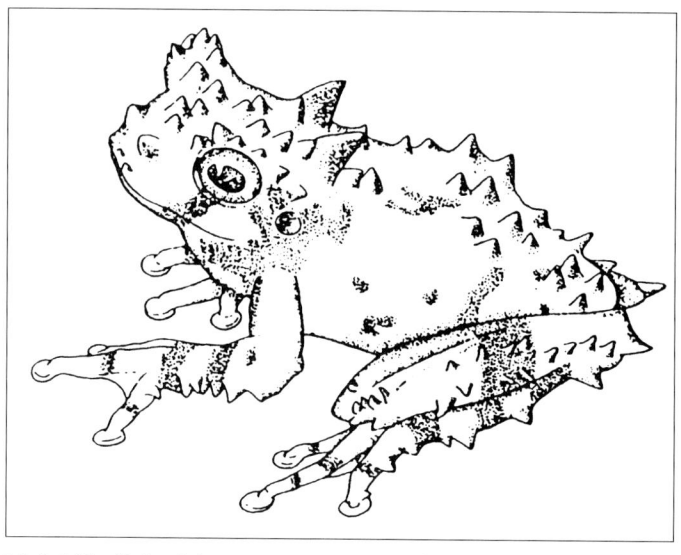

Molchähnlich sieht Lancasters Laubfrosch *(Hyla lancastri)* durch seine dornenartigen Hautbildungen aus (nach Trueb)

Eine den Glasfröschen ähnelnde Art ist *Hyla pellucens*

turen von 15 bis 17 °C benötigt er 80 bis 100%ige relative Luftfeuchtigkeit. Während der Regenzeit herrschen nachts gelegentlich nur 3 °C. Permanenter Regen stimuliert die Fortpflanzung in der Natur ebenso wie im Terrarium. Auch stundenweise Zeitschaltungen sorgen für ausreichende Luftfeuchtigkeit, bei manchen Terrarianern genügte sogar das häufige Aussprühen der Behälter. Die bis zu 110 in kleinen Klumpen von 20 bis 30 Laichkörnern ins Wasser abgegebenen Eier sind im Durchmesser 2 mm groß. Nach drei Tagen erfolgt der Schlupf. Wie für viele tropische Laubfrösche empfiehlt

sich weiches Wasser für die Larvenaufzucht, da in der Natur die meisten Gewässer durch Regenwasser gefüllt werden. Nach 34 Tagen erscheinen bei den Kaulquappen die Hinterextremitäten. In dieser Entwicklungsphase messen die Larven 4,2 cm. Die Metamorphose ist maximal am 95. Tag nach der Eiablage beendet. Variable Laubfrösche erreichen schon nach einem halben Jahr die Geschlechtsreife.

Trübe Weiher werden von den Laubfröschen der mittelamerikanischen Art *H. pseudopuma* bevorzugt. Die Männchen besitzen bilobate Schallblasen; ihre Rufe bestehen aus langen und kürzeren akustischen Impulsen. Bei der Paarung bewegt sich das Weibchen langsam an Pflanzenteilen entlang und heftet dabei seinen Laich an. Der Schlupf erfolgt nach 1 bis 2 Tagen. Nach ca. 80 Tagen ist die Larvenentwicklung abgeschlossen.

Godmans Laubfrosch *(H. godmani)* laicht ebenfalls in permanenten stehenden Gewässern, manchmal aber auch in Tümpeln. Frisch metamorphosierte Jungtiere sind 1,2 cm groß. *H. loquax* legt gallertige Eipakete an überflutete Pflanzen ab. Sie enthalten bis zu 250 Eier. Die lichtscheuen Larven halten sich am Boden und im Wasserpflanzendickicht auf. *Hyla chaneque*-Larven wurden in Weihern, aber auch an ruhigen Stellen von Flüssen gefunden. Diese Art hat, wie eine Reihe neuweltlicher Hyliden, eine größere ökologische Anpassungsfähigkeit. Andere Arten, insbesondere die Blattlaicher, sind in Verhalten und Lebensbedingungen auf eine sehr konstante Umwelt eingestellt. Die im Gebirgsregenwald vorkommende *H. robertsorum* laicht in kühle Weiher, wo sich bei nur 10 bis 14 °C die Larven relativ langsam entwickeln. Euphorbienlaubfrösche verbringen die Trockenperioden in stets etwas Wasser enthaltenden Bromelien. Sie laichen beim Einsetzen des Regens in Weihern. Ihre Eier werden lose abgegeben und sinken auf Wasserpflanzen oder Gewässerrand herab. Eine ähnliche Lebens-

weise kennzeichnet auch Walkers Laubfrosch *(H. walkeri)*.

*H. rhodopepla* versammeln sich beim Einsetzen des Regens an einem stehenden Gewässer, um während ihrer Paarung die Eier direkt an der Wasseroberfläche abzulegen. Ein ebensolches Verhalten zeigt *H. parviceps*, wobei aber der Laich in kleinen Klümpchen zusammenhält. Die Eier von *H. granosa* und *H. calcarata* bilden einen Oberflächenfilm auf Weihern aus. Alle diese Hyliden sind im Terrarium durch künstliche Beregnung über einem vollständig mit Wasser bedeckten Bodengrund zu züchten. Die Haltung entspricht der oben für andere neotropische Arten beschriebenen. Im Gegensatz zu den in der Nähe von Bächen lebenden Laubfröschen bevorzugen die meisten Saisonlaicher stehender Gewässer zwischenzeitlich trockenere Lebensbedingungen.

Im weitesten Sinne gehören auch die Gladiatorlaubfrösche *(H. crepitans)* in die ökologische Gruppe der in Weihern laichenden Hyliden. Ihre Vorfahren vermehrten sich in Flüssen, auf die auch die rezenten Tiere noch angewiesen sind. In den Uferschlamm oder in die Nähe von Überschwemmungsstellen bauen sie mit Hilfe ihres Körpers und der Extremitäten Krater, um darin zu laichen.

Während dieses Fortpflanzungsverhalten nur bei einigen Populationen

Gladiator-Laubfrosch *(Hyla crepitans)*

der Gladiator-Laubfrösche beobachtet werden konnte, ist es für Schmied *(H. faber)*, Tropfenlaubfrosch *(H. pardalis)* und *H. boans* obligatorisch. Obwohl man annehmen könnte, daß diese Arten nur schwierig zu halten und zu züchten seien, gelang die Fortpflanzung bereits mancherorts. So wurde Rosenbergs Laubfrosch *(H. ro-senbergii)*, ebenfalls eine kraterbauende Art, erfolgreich im Terrarium vermehrt. Nur bei guter, vielfältiger Fütterung und Haltung in geräumigen Behältern gelingt die Aufzucht der Jungtiere.

Gladiator-Laubfrösche *(H. crepitans)* bauen Krater von bis zu 20 cm Durchmesser. Maximal 1000 Eier wer-

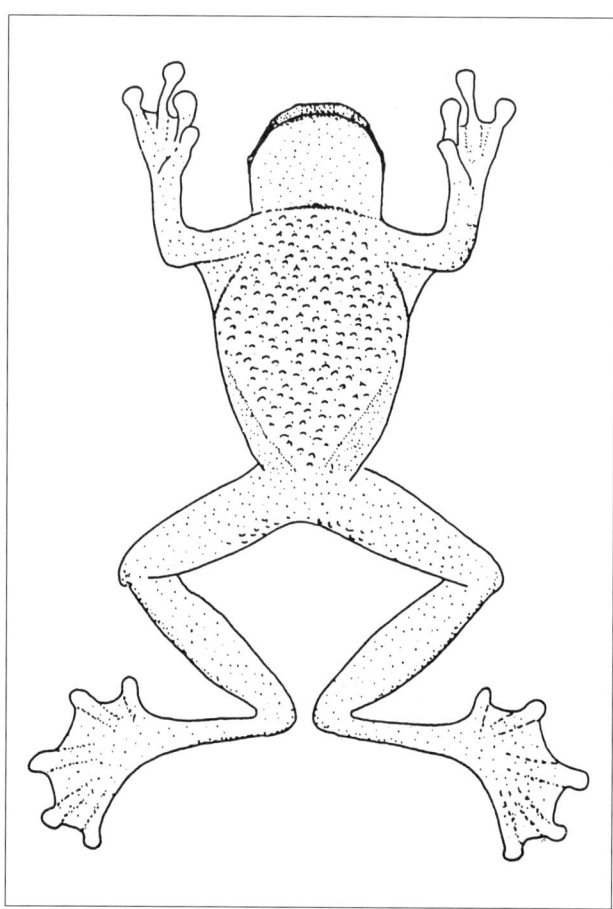

Weibchen von *Hyla sarayaquensis* mit achselständiger Membran (aus Schüler)

Einige Arten der Gattung *Hyla* paaren sich nicht im Wasser, sondern positionieren ihre Gelege an Pflanzenteile über Bächen oder Weihern. *H. zeteki* deponiert beispielsweise seine bis zu 24 Eier knapp über einem fließenden Gewässer. In den Mägen der Larven wurden Amphibieneier gefunden. Möglicherweise ernähren sie sich auch vom Laich der eigenen Art. Lancasters Laubfrosch *(H. lancasteri)* erinnert in seinem Habitus ein wenig an den Australischen Moloch, da er über und über mit dornenartigen Hautauswüchsen bedeckt ist. Diese Art laicht im Flachland in Fließgewässer, im Gebirge findet man jedoch seine bis zu 23 Eier umfassenden Gelege an Pflanzenteilen über den Bächen. Die gelben Eier von *H. brevifrons* werden auf die Oberseite von Blättern über stehendem Wasser abgelegt.

*H. sarayaquensis* laicht nicht an einem Ort, sondern verschleppt im Verlauf der Paarung seine Eier perlschnurartig an Stengeln und Blättern, jedoch nie auf deren Oberseite. Bevor-

den in das selbstgebaute Aufzuchtbekken abgelegt. Etwa zwei Wochen lang leben die Kaulquappen im Krater, um danach die bereits bröckelig gewordene Wandung zu überwinden und im freien Wasser weiterzuleben. Erwachsene Tiere aller kraterbauenden Laubfrösche sind genügsame Pfleglinge in halbfeuchten (70 bis 80 % relative Luftfeuchtigkeit) Terrarien.

zugte Stellen für die Eiablage sind bemooste Stengel und Baumrinde. Möglicherweise werden durch dieses Substrat Feuchtigkeitsschwankungen ausgeglichen. Die schlüpfenden Larven fallen oder springen mit Hilfe schnippender Schwanzbewegungen in stehendes Wasser. Zur gleichen Laubfroschgruppe gehören auch *H. triangulum*, *H. leucophyllata* und *H. ebraccata*. Diese Arten laichen jedoch auf die Oberfläche von über stehendem Wasser hängenden Blättern. Die Tiere nutzen insbesondere Bromelien als Ablageplatz, und sie verstecken sich auch tagsüber in diesen Pflanzen. *H. leucophyllata* ist bekannt für eine hohe Zeichnungsvariabilität. Von netzartigen Mustern reicht die Palette zu einfarbigen, mit einem breiten, V-artigen, gelben Rückenband gezierten Tieren. Sehr nahe verwandt mit dieser Art ist *H. favosa*. In einer etwa 2 wöchigen künstlichen Regenzeit kann man mehrere Gelege von einem Paar und dabei etwa 240 Eier erhalten. Der Schlupf erfolgt nach 55 bis 60 Tagen. Die Hinterextremitäten erscheinen bei Temperaturen von 24 bis 26 °C nach 44 Tagen, schon 5 Tage später werden die Vorderextremitäten sichtbar.

Gelege von *Hyla miotympanum* an einem Grashalm (nach Duellmann)

Nur 6 bis 8 Monate benötigen die Tiere von nun an, um die Geschlechtsreife zu erreichen.

Noch mehr als diese Bromelienlaubfrösche sind *H. bromeliaca* und *H. dendroscarta* an trichterartige Gewächse gebunden. Die erstere Art legt ca. 14 Eier so auf Bromelienblätter, daß sie jeweils von den darüber befindlichen verdeckt und vor Lichteinfall geschützt sind. Die Larven rutschen nach dem Schlupf in die Pflanzentrichter. Mit dem Abschluß der Metamorphose messen die Jungfrösche 1,1 cm und sind bereits so wie die erwachsenen Laubfrösche gefärbt. *H. dendroscarta* laicht direkt in die Wasserzisterne der Bromelien, die Entwicklung der Nachkommen erfolgt analog zu der anderer Arten. Alle Bromelienlaubfrösche vermehren sich während des gesamten Jahres, ohne an spezielle Zeitperioden gebunden zu sein. In Terrarien reagieren sie meistens sehr rasch auf künstliche Beregnung mit einigen aufeinander folgenden Paarungen.

Eine Ausnahme in diesem Stimulationsmodus bildet die mittelamerikanische Art *H. miotympanum*. Diese Laubfrösche laichen stets während der Trockenperioden an Grasstengel in der Nähe von Bächen. Die Larven fallen von dort aus in die Rinnsale, um sich im Wasser weiterzuentwickeln.

Während der Regenzeit verwandeln sich diese Gewässer in reißende Flüsse, in denen Amphibienlarven nicht überleben könnten. *H. miotympanum* würde also durch Beregnung von der Fortpflanzung abgehalten werden; man bietet ihm trockenere Bereiche im Terrarium und einen kleinen, ruhig fließenden Bachlauf, der nicht zu viel Feuchtigkeit abgeben darf (Gazeteile anstelle von Glaswänden in der Nähe des künstlichen Rinnsals).

Die Inselwelt der Antillen beherbergt einige Hyliden, deren Körpermaße teilweise jene der Festlandarten übertreffen. So erreicht *H. vasta* beispielsweise 13,6 cm, der Flechtenlaubfrosch *(Calypthyla lichenata)* 10,4 cm und der Dominica-Laubfrosch *(Osteopilus dominicensis)* 76,8 cm. Die auf Jamaika endemische Art *Osteopilus brunneus* bleibt mit maximal 6 cm in ihren Körpermaßen hinter diesen Riesen unter den Laubfröschen zurück. Gemeinsam mit *Hyla maria-*

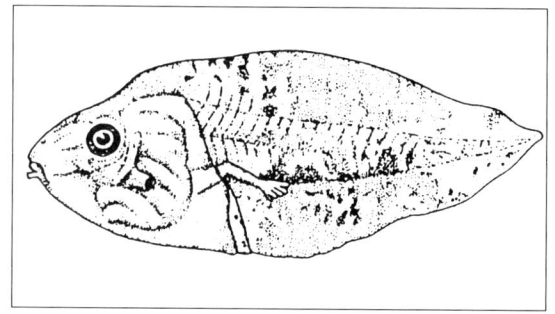

Larve von Boulengers **Knickzehenlaubfrosch** *(Ololygon boulengeri)* (nach Duellmann)

**Stauffers Knickzehenlaubfrosch** *(Ololygon staufferi altae)*

*nae* bewohnen diese Hyliden Bromelien, wo sie auch laichen. Die Kaulquappen wachsen in den wassergefüllten Pflanzentrichtern auf. Die einzige Laubfroschart von Kuba wurde zu einem beliebten Terrarien- und Labortier: der Kuba-Laubfrosch *(Osteopilus septentrionalis)*. Wie alle Vertreter dieser Gattung ist sein Schädel breiter als lang. Damit ist die anatomische Voraussetzung unter anderem dafür gegeben, daß diese Amphibien besonders große Nahrungstiere verschlingen können. Sie tun das mit großer Gier und verfetten darum leicht im Terrarium. Da die Männchen mit 5,7 cm Körperlänge hinter den bis zu 7,6 cm groß werdenden Weibchen zurückstehen, kommt es gelegentlich zum Kannibalismus. Manche Terrarianer büßten sämtliche Männchen ein, weil die Weibchen zudem auch schneller wachsen. Wenn Kuba-Laubfrösche nicht spontan laichen, was sie normalerweise sehr häufig tun, kann man sie durch zeitweise kühlere Haltung und nachfolgenden Temperaturanstieg sicher zur Fortpflanzung bringen. Die ca. 1,5 cm großen, im freien Wasser abgelegten Eier entwickeln sich relativ schnell. Der Schlupf findet nach drei Tagen statt. Etwa 2000 Larven entstehen aus einem Gelege, deren Entwicklung bis zur Metamorphose bei Temperaturen zwischen 25 bis 30 °C 42 Tage dauert. Die Jungfrösche benötigen zunächst einige Tage lang kleine Futtertiere wie frisch geschlüpfte Heimchenlarven und Essigfliegen, sind aber schon bald in der Lage, Stubenfliegen zu verschlingen.

Erst unlängst wurden mehrere neotropische *Hyla*-Arten der Gattung *Ololygon* zugeordnet. Sie alle sind dadurch gekennzeichnet, daß sie ihre ersten Finger und Zehen nach hinten umknicken können. Von den über 50 Species der Knickzehenlaubfrösche wurden viele bereits gehalten oder gezüchtet, beispielsweise Stauffers Knickzehenlaubfrosch *(Ololygon staufferi)*, *O. elaeochroa, O. fuscovaria, O. acuminata* und *O. nasica*. Während einige Arten in der Nähe von Bachläufen leben, bevorzugen die meisten stehende Gewässer als Aufenthalts- und Fortpflanzungsort. Zu ihnen gehört Heyers Knickzehenlaubfrosch *(O. heyeri)*, dessen Larven geneigte und senkrechte Flächen bewohnen. Anderen Arten, zum Beispiel *O. garbei* oder *O. cuentomma*, dienen Urwaldtümpel während der Regenzeit als Laichgewässer. Im Grasland von Feuchtsavannen leben Arten wie *O. exingua, O. parkeri, O. danae* und *O. wandae*. Ihre Männchen produzieren Paarungsrufe, die an das Zirpen von Insekten erinnern. Die Sper-

mien der Knickzehenlaubfrösche sind durch doppelte bis vierfache Geißeln gekennzeichnet, eine Ausnahme unter den Amphibien.

Einige weit verbreitete Arten, wie Boulengers Knickzehenlaubfrosch *(O. boulengeri)* oder Stauffers Knickzehenlaubfrosch *(O. staufferi),* bevorzugen sehr feuchte Lebensräume auf der pazifischen Küstenseite Mittelamerikas. Während der Trockenzeit werden sie zu Kulturfolgern und finden in Duschräumen und anderen Feuchtstellen menschlicher Behausungen Unterschlupf. Dabei dringen sie in Wasserhähne und Spülkästen ein, um an Stellen mit möglichst hoher Luftfeuchtigkeit zu überdauern. Boulengers Knickzehenlaubfrosch *(O. boulengeri)* sitzt gern, den Kopf nach unten gerichtet, an senkrechten Flächen. Ein ähnliches Verhalten wurde auch beim Roten Knickzehenlaubfrosch *(O. rubra)* beobachtet. Möglicherweise fördern die nach hinten gerichteten Zehenenden diese besondere Schlafstellung.

Roter und Boulengers Knickzehenlaubfrosch wurden bereits erfolgreich im Terrarium vermehrt. Dauerberegnung und Temperaturen von 28 °C stimulieren das knarrende bzw. zirpende Rufen der Männchen und schließlich die nachts stattfindende Paarung. 600 bis 700 Eier werden frei ins Wasser abgegeben und sinken zu Boden. Ihr Durchmesser beträgt 1,5

*Smilisca phaeotea* — Weibchen

bis 1,6 mm. Nach ca. elf Tagen erfolgt der Schlupf, die Metamorphose ist am 40. Tag abgeschlossen. Kaulquappen von Boulengers Knickzehenlaubfrosch entwickeln in manchen Populationen eine sehr rundliche Gestalt und außerdem einen breitflächigen Flossensaum. Diese Merkmale deuten auf ihre im freien Wasser schwebende (planktontische) Lebensweise hin.

135

Die Unterarten des Giftigen Krötenlaubfrosches: oben *Phrynohyas venulosa venulosa*; rechts *P. venulosa hebes*

Alle Arten der Gattung *Smilisca* sind Freilaicher, ihre Eier bilden Oberflächenfilme in den Gewässern aus. Während die bis zu 6,2 cm große *Smilisca sila* beispielsweise zur Fortpflanzung langsam fließende Bäche und Gräben bevorzugt, laichen Baudinis Laubfrosch *(S. baudini)*, *S. phaeota* und *S. sordida* in Weihern ab. Die relativ kleinen Eier haben einen Durchmesser von 1,2 mm (bei *S. baudini)* bis 1,8 mm *(S. cyanosticta)*. Letztere Art produziert in einem Gelege bis zu 1167 Eier. Der Schlupf erfolgt nach einem, die Metamorphose nach 39 weiteren Tagen. Die Haltungstemperaturen für *Smilisca*-Arten sollten bei 25 bis 28 °C liegen. 100%ige Luftfeuchtigkeit induziert ein Paarungsverhalten, das mit blökenden oder rätschenden Rufen der Männchen, verstärkt durch ihre paarigen, kehlstän-

digen, äußeren Schallblasen eingeleitet wird. *S. phaeota* produziert bis zu 300 Eier, aus denen die Larven am zweiten Tag der Entwicklung schlüpfen. Nach dem vierten Tag bilden sich die Außenkiemen zurück, und die Mundöffnung erscheint. Vor der Metamorphose messen die Kaulquappen etwa 4 cm, am 30. Tag ist bei den ersten Individuen die Entwicklung zum Landtier beendet. Wie bei den meisten

Hyliden ernähren sich die 1,2 bis 1,8 cm großen Jungfrösche zunächst von kleinen Fluginsekten, etwa Essigfliegen, aber schon bald auch von Stubenfliegen und Motten. Auch bei diesen Laubfröschen verhindern tägliche Reinigung der spartanisch eingerichteten, geräumigen Behälter und nicht zu dichte Haltung Krankheiten und Mangelerscheinungen während der Aufzucht.

Giftige Krötenlaubfrösche *(Phrynohyas venulosa)* ermöglichten sich durch ihre Fähigkeit, Strecken über 27,4 m im Schwebesprung aus 42,7 m Höhe zu überwinden, eine schnelle Flucht vor Freßfeinden, die sie aber auch mit Hilfe ihres Hauttoxins fernhalten können. Sie kommen in mehreren sehr unterschiedlich gezeichneten Subspecies in Brasilien vor. Während der Ablage der bis zu 2920 ca. 1,6 mm großen Eier in stehende Gewässer vibriert das Weibchen mit dem Bauch und führt auch seitwärts zuckende Bewegungen durch. Dadurch wird gewährleistet, daß sich der abgegebene Laich als Oberflächenfilm auf dem Wasser verteilt. Der Laichakt wird von Rufen unverpaarter Männchen begleitet, deren Köpfe von rauchgrauen, seitenständigen äußeren Schallblasen, ähnlich halbrunden Schwimmkissen, eingefaßt werden. Bei 26 °C erfolgt der Schlupf innerhalb von 24 Stunden. Nur 42 Tage benötigen die hübsch gestreiften Larven bis zur Metamorphose. Die Jungtieraufzucht gestaltet sich einfach, da die kleinen Fröschchen meist bereits Stubenfliegen und frisch geschlüpfte Heimchenlarven als Futter annehmen. Eine nahe verwandte Art, *P. resinifectrix,* bewohnt Baumhöhlen, in deren Wasseransammlungen sie auch laicht. Die Männchen nutzen diese Höhlungen als Rufwarte und verteidigen sie als ihr Territorium.

Diese ökologische Nische wird auch von anderen Hyliden, etwa *Hyla perpusilla, Aparasphenodon brunoi* und *Phyllodytes*-Arten genutzt.

Sporenlaubfrösche *(Plectrohyla)* sind mit spitzen, krallenartigen Spornen an den Vorderextremitäten ausgestattet, die ihnen bei der Austragung von Kommentkämpfen dienlich sind; während die Weibchen kleinere Sporne besitzen, weisen die Männchen größere auf. Selbst bei der Paarungsumklammerung fügen sich die Tiere gegenseitig Wunden zu, von denen viele Individuen zeitlebens Narben davontragen. Bei diesen Froschlurchen kann man tatsächlich von schmerzvollen Liebesspielen sprechen. Eine Reihe von Arten wurde in ihrem Fortpflanzungsverhalten untersucht (zum Beispiel *Plectrohyla tecunumani, P. pychnochila, P. glandulosa, P. lacertosa, P. hartwegi* und andere). Alle laichen in Urwaldbächen, oft in montanen Bereichen. Tagsüber verbergen sie sich zwischen Steinen und Felsen in Ufernähe. Frisch metamorphosierte Jungfrösche sitzen auf den Pflanzen in der Spritzwasserzone. Guatemala-Spornlaubfrösche *(P. guatemalensis)* bevorzugen Wasserfälle als Aufenthaltsorte. Die Männchen von *P. matudai* rufen nachts vom Flußufer aus ihre Partnerinnen zur Paarung. Aus den im Fließgewässer aufwachsenden Larven entwickeln sich nach der Metamorphose ca. 1,8 cm mes-

Knochenkopflaubfrosch *(Osteocephalus verruciger)*

sende Jungtiere. Wie viele andere in Gebirgsbächen lebende Larven flüchten auch die der Spornlaubfrösche vor einfallendem Licht an dunkle Stellen. Ähnliche Biotope werden von Laubfröschen der Gattung *Ptychohyla* besiedelt. Die Biologie dieser Tiere ist noch nicht sehr gut erforscht. Die Larven von *Ptychohyla ignicolor*, *P. spinipollex*, *P. schmidtorum* und *P. merazi* wurden in dunklen Berei-

chen der Bäche gefunden. Die auch im Terrarium untersuchten Rufe bestehen aus mehreren kurz hintereinander folgenden Pfiffen. *Limnaodeus ocularis* legt etwa 100 ca. 1,5 mm große Wasser-Eier ab, aus denen nach dreieinhalb Tagen kleine Larven schlüpfen. Nach 42 Tagen ist die Metamorphose bei dieser Art abgeschlossen, und die Jungfrösche klettern mit Hilfe ihrer Haftzehen an Land.

Knochenkopflaubfrösche *(Osteo-cephalus verruciger)* besitzen eine granulierte Haut mit meist hübscher, netzartiger Zeichnung. Durch Beregnungsstimulation beginnen die Männchen krächzend-keckernd zu rufen.

Bei mehrfachen Paarungsumklammerungen leiden die Weibchen unter dem Zugriff der Männchen, so daß es zu Hautdefekten kommt, die aber rasch verheilen. Der Laich wird in Ballen an knapp unter der Wasseroberfläche befindliche Gegenstände geheftet. Der Eidurchmesser beträgt etwa 3,5 mm. Eine Paarung erbringt ungefähr 2000 Eier. Nach 30 Tagen setzt bei Aufzuchtstemperaturen von 18 bis 27 °C die Metamorphose ein. Weitere sechs Tage später haben die ersten Individuen die Entwicklung zum Landtier abgeschlossen. Während sie zunächst Essigfliegen verschlingen, nehmen sie nach einigen Tagen bereits Stubenfliegen und frisch geschlüpfte Heimchenlarven an. Bei den Larven des Ochsen-Laubfrosches *(O. taurinus)* konnte ein besonderes Schwarmverhalten beobachtet werden: Die Kaulquappen zirkulieren mit dem gesamten Schwarm, so daß die langsamsten hinteren Individuen auf den Boden gelangen, von wo aus sie schließlich wieder im Strudel aufstei-gen. Dieses Verhalten bewirkt ein Aufwirbeln von Nahrungspartikeln, die so allen Larven des Schwarmes zugute kommen.

Panzerkopflaubfrösche *(Triprion)*, über deren Biologie bereits berichtet wurde, gelten als heikle Pfleglinge. Eine größere Art ist *Triprion spatulatus*, dessen Weibchen 10,1 cm, dessen Männchen aber nur 8,7 cm lang werden. Von *T. petasatus* (Männchen 6 cm, Weibchen bis zu 7,4 cm Körperlänge) wurde berichtet, daß die Größenverhältnisse zwischen den beiden Geschlechtern wesentlich für den Fortpflanzungserfolg sind, das heißt, die Weibchen wählen sich das in der Körpergröße zu ihnen passende Männchen aus, dessen Rufe in ca. 10 m Entfernung von Gewässern in ansonsten relativ trockenen Waldbereichen ertönen. Die Trockenzeit verbringen sie in Astlöchern. Paarungen erfolgen während der Regenperiode in Weihern oder Tümpeln. Dabei werden

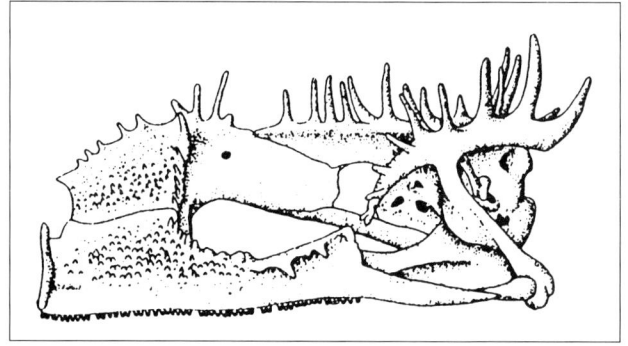

Schädel des Kronenlaubfrosches *(Anotheca spinosa)* (nach Duellmann)

Taschenfrosch *(Flectonotus pygmaeum)* mit Eiern in der Rückentasche

kleine Laichballen ins Wasser abgelegt. Die frisch metamorphosierten Jungtiere sind 1,5 bis 1,6 cm groß. Vereinzelt ist die Zucht von Panzerkopflaubfröschen nach künstlicher Beregnung bereits gelungen. Die Aufzucht erfolgt wie bei den meisten anderen neutropischen Hyliden. Über die eigenartige Biologie der Kronenlaubfrösche *(Anotheca spinosa)* wurde bereits an anderer Stelle berichtet. Diese im männlichen Geschlecht bis 6,8 cm, im weiblichen 7,3 cm groß werden den Amphibien besitzen einen unikalen Schädelbau mit einer Vielzahl bizarrer Fortsätze. Die eierfressenden Larven findet man in vielerlei Baumzisternen — Bromelien oder Astlöchern.

Sie sind sogar in extrem sauerstoffarmem Wasser noch lebensfähig. Die Haltung sollte bei Temperaturen von

141

22 bis 24 °C und hoher Luftfeuchtigkeit erfolgen. Über eine gelungene Zucht wurde noch nichts bekannt. Ein ähnliches Fortpflanzungsverhalten zeigt auch die nahe verwandte Art *Nyctimantis rugiceps* aus Ekuador.

Die Vertreter der Unterfamilie Hemiphractinae vereinigt ein außergewöhnliches Brutpflegeverhalten. Im Laufe der Evolution entwickelte sich das Aufziehen von Larven und sogar Jungtieren am Rücken der Weibchen immer perfekter. Bei den Gattungen *Stefania*, *Hemiphractus* und *Cryptobatrachus* werden die Nachkommen am Rücken getragen. Sie haften dort aufgrund eines klebrigen Schleimes, der vom Weibchen abgesondert wird. *Flectonotus*, *Fritziana* und *Gastrotheca* bildeten mehr oder weniger vollständige Rückentaschen aus, über deren Evolution in einem anderen Kapitel berichtet wurde. Viele Beutelfrösche *(Gastrotheca)*, aber auch die Arten der Gattungen *Stefania*, *Hemiphractus* und *Cryptobatrachus* entlassen fertig entwickelte Jungtiere von ihrem Rücken, alle anderen setzen mehr oder weniger weit entwickelte Kaulquappen ins Wasser ab. Von den vielen Arten dieser Unterfamilie gelangten bisher nur einige in die Terrarien und Laboratorien. Erst kürzlich gelang die Zucht des Schüsselrücken-Laubrosches *(Fritziana goeldii)* häufiger. Nachdem das Weibchen seine 4 bis 22 Eier bis zu einer Entwicklungs-stufe der sich darin befindlichen Kaulquappen am Rücken trug, in der sie 2 cm Länge erreicht hatten, entläßt es sie in das Zisternengewässer einer Bromelie. Die nachtaktiven Larven benötigen 23 Tage für ihre Entwicklung. Obwohl ihr Organismus nicht darauf eingestellt ist, durch Nahrung weiterzuleben (non-feeding-Larven), nehmen sie Futter auf, verwerten es aber offensichtlich nicht. Die Aufzucht der Jungtiere erfolgt zunächst mit kleinsten Insekten, später mit Stubenfliegen und Heimchen.

Der Taschenfrosch *(Flectonotus pygmaeum)* besitzt eine mit einem langen Öffnungsschlitz versehene Rückentasche, in die nur wenige Eier passen. Während der Paarung halten beide Partner ihre Körper so, daß sie nahezu einen Kopfstand vollführen. Das Männchen spreizt dann mit seinen Hinterextremitäten die schlitzartige Rückentaschenöffnung. Die austretenden Eier werden vom Männchen mit den Fersen aufgefangen, zur eigenen Kloake transportiert, befruchtet und sogleich danach in die Rückentasche gestoßen. Sehr unterschiedliche Bruttaschenformen treten innerhalb der Unterfamilie auf; die meisten finden sich bei der artenreichen Gattung *Gastrotheca*, in die neuerdings auch *Amphignathodon* gestellt wird. Die große Färbungs- und Zeichnungsvariabilität sowie eine Vielzahl besonderer Merkmalskomplexe erschwert eine

*Phyllomedusa tarsius*

exakte taxonomische Bearbeitung der Beutelfrösche. So wurde beispielsweise die am häufigsten gezüchtete *Gastrotheca riobambae* lange Zeit für eine andere Art gehalten. Sie ist sehr unterschiedlich gezeichnet, allein das Muster der Bauchseite variiert von Fundort zu Fundort sehr stark.

Nur gelegentlich gelang die Zucht von Beutelfroscharten, deren Nachkommen eine direkte Entwicklung in der Rückenbruttasche durchleben, etwa bei *G. plumbea* oder *G. ovifera*. Die Vermehrung letzterer Art

erbrachte Ende der 50er Jahre eine Reihe neuer Erkenntnisse über die Biologie der Beutelfrösche. So wurde beispielsweise beobachtet, daß vom Weibchen während der an Land stattfindenden Paarungsumklammerung die Hinterextremitäten ausgestreckt werden. Damit entsteht eine schräge, nach vorn geneigte Körperhaltung, wodurch die aus der Kloake austretenden Eier in die Beutelöffnung am Rücken rutschen. Unmittelbar während des Austritts der Eier werden sie vom Männchen befruchtet. Dieser

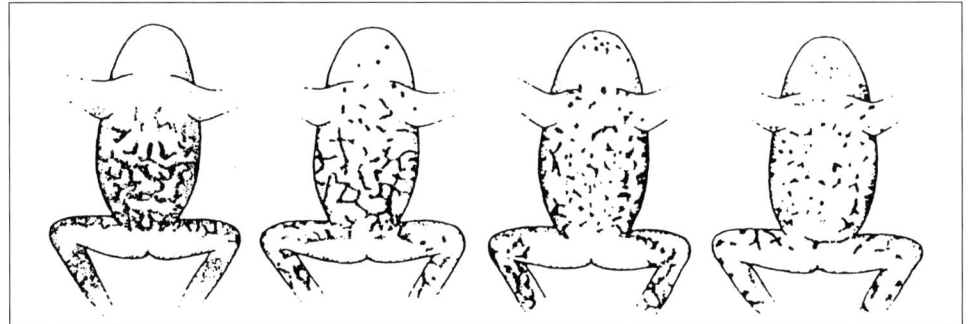

Zeichnungsvarianten der Bauchseite des Beutelfrosches *Gastrotheca riobambae* (nach Duellmann & Millis)

Larve des Beutelfrosches *Gastrotheca ovifera* mit großflächigen, langstieligen Scheibenkiemen (nach Herrmann & Gerlach)

Vorgang verläuft beim Larven absetzenden Beutelfrosch *G. riobambae* unter aktiver Mitwirkung des Männchens: Es gibt eine schleimige Flüssigkeit, die Spermien enthält, aus seiner Kloake ab und streicht sie auf die Stelle zwischen Kloake und Beutelöffnung des Weibchens. Mit Hilfe seiner Hinterextremitäten befördert es außerdem die austretenden Eier zielgerichtet in die Beutelöffnung. Die Larven aller Arten der Unterfamilie besitzen großflächige Scheibenkiemen, die ihnen im sauerstoffarmen Milieu der Rückentaschen bzw. in den Eihüllen ausreichend Sauerstoff zuführen können.

Die meisten Beutelfrösche bevorzugen wie *G. riobambae* eine relativ kühle Haltung bei Zimmertemperatur. Längere und intensivere Beleuchtung fördert die Paarungsbereitschaft. Leider stoßen die Weibchen oft ihre Eier schon bald nach der Paarung ab, Wahrscheinlich benötigen sie Ruhe, so daß andere Tiere aus dem Terrarium mit einem eiertragenden Weibchen herausgenommen werden sollten. Die maximal 173 Larven sind beim Absetzen aus dem Beutel bis zu 1,9 cm lang. Das Weibchen öffnet mit den Hinterextremitäten die Beutelöffnung, um seine Larven in den Wasserteil des Terrariums zu entlassen. Nach 6 bis 8 Wochen ist die Metamorphose beendet. Zunächst benötigen die Jungfrösche ein sehr feuchtes Terrarium, später sollte es trockener sein. Die Ernährung erfolgt wie bei den meisten Hylidenarten.

Colima-Gespenstfrosch *(Pachymedusa dacnicolor)* in Nachtfärbung

Der Abschluß der beispielhaften Besprechung einzelner Arten soll den als Terrarientiere beliebtesten Hyliden aus der Unterfamilie Phyllomedusinae gewidmet sein. Eine den anderen Laubfröschen sehr ähnliche Art ist der Colima-Gespenstfrosch *(Pachymedusa dacnicolor)* aus Mexiko.

Seine Vorder- und Hinterextremitäten weisen noch nicht so drastische Unterschiede auf wie bei den Rotaugenfröschen *(Agalychnis)* und Makifröschen *(Phyllomedusa)*; diese besitzen sehr lange Beine und schmale Füße, und sie klettern mit ihrer Hilfe geschickt im Geäst. Außerdem wurde der Körper dieser Tiere im Laufe der Evolution immer schlanker und damit unauffälliger. Colima-Gespenstfrösche erreichen im männlichen Geschlecht 8,2 cm Körperlänge, im weiblichen 10,3 cm. Durch die Lebensweise in relativ trockenen Biotopen lassen sie sich während der Sommermonate durch künstliche Beregnung zur Fortpflanzung bringen, die von den Männchen durch takkernde Rufe eingeleitet wird. Bis zu 1000 Eier geben die Weibchen bei einer Paarung ab, wobei diese in mehreren (bis zu 15) kleinen Trauben an Pflanzen, aber auch auf den Boden gelegt werden.

Auch die Rotaugenfrösche laichen auf Blattoberflächen. Durch ihre aparte Körperzeichnung sind sie besonders attraktive Terrarienbewohner, da sie jedoch nur nachts aktiv sind, können Verhaltensbeobachtungen erst während der Dunkelheit gemacht werden. Von den vielen hübschen Arten gelangten bisher nur einige in die Terrarien, zum Beispiel *Agalychnis spurelli, A. saltator, A. annae, A. moreletti* und natürlich die häufig gezüchtete Art *A. callidryas.* Nach wie vor gelten Haltung und Zucht der Rotaugenfrösche als „hohe Schule" der Terraristik. Nur erfahrene Züchter sollten sich deshalb an die Pflege solcher empfindlichen Frösche wagen, damit nicht unnötige Verluste eintreten. Alle folgenden Angaben beziehen sich auf die Art *A. callidryas,* deren Männchen 5,6 cm

*Phyllomedusa bahiana,* fotografiert im Terrarium von Prof. Weygoldt

und deren Weibchen 7,1 cm groß werden. Die Haltungstemperaturen sollten um 28 °C liegen, tagsüber kann die relative Luftfeuchtigkeit ca. 80 %, nachts über 90 % betragen. Als Futtertiere eignen sich am besten nachtaktive Insekten wie Motten, kleinere Schaben und Heimchen. Die Paarung beginnt mit einem „Auge-in-Auge-Gegenübersitzen" beider Partner auf einem Blatt. Danach umklammert das Männchen seine Partnerin in der Achselgegend. Manchmal sitzen die Frösche von nun an mehrere Tage lang verpaart, wenn die Umgebungsbedingungen für die Eiablage ungünstig sind. Schließlich heften sie bis zu 78 ca. 2,2 mm große helle Eier in einem traubenförmigen Gelege an ein Blatt. Aus ihnen schlüpfen nach 6 bis 8 Tagen kleine Larven,die aktiv bis ins Wasserbecken springen. Bei einer Ernährung mit sehr abwechslungsreichem Futter, das im Wasser suspendierbar ist und mit Hilfe des Durchlüftungssystems ständig in Bewegung bleibt, lassen sich die stets nach dem Licht strebenden, also an der Oberfläche fressenden Larven bis zur Metamorphose, die nach 74 bis 80 Tagen abgeschlossen ist, aufziehen. Da gelegentlich Verluste durch das Ertrinken frisch umgewandelter Jungfrösche auftreten, beugt man dieser Erscheinung vor, indem Oberflächenpolster bildende Wasserpflanzen, beispielsweise Hornfarn oder Javamoos, in die

Aufzuchtsbehälter eingebracht werden. Die nun folgende Entwicklungsetappe bringt die meisten Verluste, da oft nur ein Teil der Jungtiere zu fressen beginnt. Hohe Sauberkeit und nicht zu dichter Besatz in geräumigen Terrarien fördern eine gesunde Aufzucht möglichst vieler Rotaugenfrösche.

Makifrösche *(Phyllomedusa)* führen ein ebenso streng nachtaktives Leben wie *Agalychnis*. Viele Arten haben sich an extrem hohe Temperaturen bzw. geringe Luftfeuchtigkeit gewöhnt, wie bereits berichtet wurde. Darum hält man die meisten Arten tagsüber relativ trocken bei 70 bis 80 % relativer Luftfeuchtigkeit. Erst am Abend werden die Terrarien besprüht, so daß in der Nacht über 90 % relative Luftfeuchtigkeit herrschen. Während einige Arten nur selten gehalten und noch nie gezüchtet wurden (etwa *Phyllomedusa bicolor, P. tarsius, P. litodryas, P. sauvagei, P. boliviana)*, gelang die Nachzucht anderer bereits mehrfach *(P. hypochondrialis, P. tomopterna, P. exilis, P. marginata)*. Außer *P. marginata*, die ihre bis zu 50 blaßblauen, 4 bis 4,5 mm großen Eier in Höhlungen und Nischen legt, von denen aus die Kaulquappen nach 12 bis 14 Tagen durch Schwanzschlagen ins Wasserbecken schnellen, bauen die meisten in ihrer Fortpflanzung erforschten Species Blattnester, wobei ein oder mehrere Blätter tütenartig verklebt wer-

147

Warziger Lemurenfrosch *(Phyllomedusa sauvagei)*

den. Die Entwicklungszeit der Larven von *P. marginata* beträgt bei Zimmertemperatur 50 bis 60 Tage. Vor Beginn der Metamorphose messen die Kaulquappen 4,5 bis 5 cm. Die Männchen dieser Art tragen eigenartige Kommentkämpfe aus, bei denen sie sich mit Vorder- und Hinterextremitäten umschlingen.

Von den Blattnestbauern wurde *P. hypochondrialis* am häufigsten nachgezogen. Diese mehr als andere Arten hohe Luftfeuchtigkeit benötigenden Tiere laichen oft spontan ohne Beregnung. Ein Weibchen kann innerhalb weniger Tage mehrere Gelege produzieren, die etwa 70 Eier, gelegentlich aber auch sehr viel mehr beinhalten.

Erst beim Schlupf nach 9 bis 11 Tagen öffnen sich die Blätter, und die gallertartigen Strukturen lösen sich auf. Nicht nur Eier, sondern auch zusätzliche Gallertkügelchen halten die Feuchtigkeit des Geleges relativ konstant. Die Larven sind wie die vieler Makifrösche sehr attraktiv: Ein hellgrüner Körper wird durch einen langen, schwarz gemusterten Flossensaum ergänzt. Sie erreichen eine Länge von 3 cm vor der Metamorphose, die nach 10 bis 12 Wochen abgeschlossen ist. Ähnlich wie bei den Rotaugenfröschen beginnt nun die verlustreiche Zeit der Jungfroschaufzucht. Am besten bewährten sich spartanisch eingerichtete, gut belüftete Terrarien mit einem flachen Wasserteil. Die Ernährung erfolgt zunächst mit Essigfliegen und frisch geschlüpften Grillenlarven, später mit Wachsmotten.

Der Lemurenfrosch *(P. lemur)* erinnert in seinem Erscheinungsbild sehr an die nachtaktiven madagassischen Halbaffen. Obwohl er im Terrarium bereits zur Eiablage gebracht werden konnte, gelang die Aufzucht nicht. In den Gelegen werden 15 bis 30 grünliche Eier gezählt, aus denen nach 3 bis 5 Tagen die Larven schlüpfen.

*P. trinitatis* legt bis zu 536 ca. 3,2 mm große Eier ab. Der Schlupf erfolgt nach etwa sieben Tagen. Die Larvenentwicklung dauert insgesamt 77 Tage. Bei dieser Art wurde der Schlupfvorgang näher untersucht und herausgefunden, daß durch den hohen hydrostatischen Druck innerhalb der Eier, der mit dem Wachstum der Embryonen zunimmt, schließlich die gallertartigen Eihüllen aufplatzen. Damit ist belegt, daß Regenfälle oder Tau für diesen biologischen Vorgang nicht unbedingt erforderlich sind. *P. boliviana* produziert Gelege mit bis zu 154 Eiern, deren Durchmesser 2,6 mm beträgt. In den Eitrauben dieser Art befinden sich, wie auch bei *P. duellmani* und *P. hypochondrialis,* eierlose Gallerthüllen.

Einige Beobachtungen geben Aufschluß über verhaltensbiologische Details der Makifroschlarven. So bilden die Kaulquappen von *P. vaillanti*

*Phyllomedusa lemur*

tagsüber eng zusammenhaltende Schwärme aus, während der Nacht schwimmen sie jedoch solitär. Beleuchtet man die Tiere mit einer Lampe, so nehmen sie sofort wieder ihre Schwarmformation ein, die eine ernährungsbiologische Funktion für diese Suspensionsfresser, aber auch eine Rolle bei der Verteidigung gegen Freßfeinde hat.

Der Makifrosch *P. exilis* aus Brasilien wird im männlichen Geschlecht 3,5 cm, im weiblichen 4,5 cm groß. Bei künstlicher Beregnung lassen die Männchen einen wie „Rack-Rack" klingenden Paarungsruf ertönen. Die in Blätter gehüllten Gelege beinhalten 20 bis 40 ca. 3 mm große gelbliche Eier. Nach zwei Wochen schlüpfen die Larven. Vor der Metamorphose messen sie 4 cm. Obwohl die Tiere in der Natur in Bergbächen aufwachsen, suchen sie dort ruhige, strömungsarme Stellen auf, so daß ihre Aufzucht gut in Becken ohne Wasserbewegung gelingt. Die Kaulquappen atmen seit dem Zeitpunkt ihres Schlupfes bereits durch Lungen.

Gelbflanken-Makifrosch *(Phyllomedusa tomopterna)*

Eine Durchlüftung ihres Aquariums ist nicht erforderlich. Sie nehmen die Nahrung mit Hilfe ihres Trichtermundes von der Wasseroberfläche auf. Nach Abschluß der Metamorphose sind die Jungfrösche nur etwa 1 cm groß und sehr empfindlich. Sie erreichen nach 9 bis 12 Monaten die Geschlechtsreife.

Gelbflanken-Makifrösche *(P. tomopterna)* bauen ebenfalls Blattnester, in die sie bis zu 80 Eier legen. Der Schlupf erfolgt nach 9 bis 10 Tagen. Sie erreichen vor der Metamorphose 6,5 cm Gesamtlänge. Nach der Metamorphose lassen sich die Jungfrösche bereits mit Stubenfliegen ernähren, was eine erfolgreiche Aufzucht leichter macht als bei anderen Arten. Man kann diese Tiere sogar an das individuelle Füttern mit der Pinzette gewöhnen, was sie besonders liebenswert werden läßt, da eine „persönliche Beziehung" zum Frosch entsteht.

Diese Fütterungsweise sorgt auch für Sauberkeit im Terrarium, da so keine toten Futtertiere bzw. Nahrungsreste zurückbleiben.

# REGISTER

(normale Ziffern deuten auf Textstellen, **halbfette Ziffern** auf Abbildungen hin)

# ABBILDUNGSQUELLEN

Abbildungsvorlagen wurden folgender Literatur entnommen:

*Aronson, L. R.:* The »Release« Mechanism and Sex Recognition in Hyla andersonii. — Copeia (1943) 4, 246—249

*Blaylock, L. A., Ruibal, R. und K. Platt-Aloia:* Skin Structure and Wiping Behavior of Phyllomedusine Frogs. — Copeia (1976) 2, 283—295

*Cadwell, J. P.:* A Description of the Tadpole of *Hyla smithii* with comments on Tail Coloration. — Copeia (1984) 4, 1004—1006

*Conant, R.:* Reptiles and amphibians eastern/central North America, -Boston, 1975

*Duellmann, W. E.:* The hylid frogs of Middle America. — Monog. Mus. Naf. Hist. Univ. Uangas 1 (1970) 1—753

*Duellmann, W. E. und P. Gray:* Developmental Biology and Systematics of the Egg-Brooding Hylid Frogs, Genera *Flectonotus* and *Fritziana*. — Herpetologica 39 (1983) 4, 333—359

*Duellmann, W. E. und D. M. Hillis:* Marsupial Frogs (Anura: Hylidae: *Gastrotheca*) of the Ecuadorian Andes: Resulution of Taxonomic Problems and Phylogenetic Relationships. — Herpetologica 43 (1987) 2, 141—173

*Duellmann, W. E. und M. S. Hoogmoed:* The Taxonomy and Phylogetic Relationships of the Hylid Frog Genus *Stefania*. — Univ. Kansas Misc. Publ. 75 (1984), 1—39

*Duellmann, W. E. und L. Trueb:* Biology of Amphibians. — New York, 1935

*Eikakker, J. Oe.:* Vormgeving en inrichting van Terraria. — Xenopus 4 (1990) 2, 12—16

*Herrmann, H.-J. und S. Gerlach:* Froschlurche im Terrarium, Leipzig, Radebeul, 1984

*Hirschberg, W.:* Frosch und Kröte in Mythos und Brauch. — Wien, Köln, Graz, 1988

*Kabisch, K.:* Wörterbuch der Herpetologie. — Jena, 1990

*Menzies, J. I.:* Handbook of Common New Guinea Frogs. — Port Moresby, 1983

*Okada, Y.:* Fauna, Japonica, Anura (Amphibia). — Tokyo, 1966

*Pyburn, W. F.:* The Function of Eggless Capsules and Leaf in Nests of the Frog *Phyllomedusa hypochondrialis* (Anura: Hylidae). — Proc. Biol. Soc. Wash. 93 (1980) 1, 153—167

*Robinson, M. und M. Cappo:* Comparison of Feeding Behaviours of the Aquatic Australian Hylid Frogs *Litoria dahli* (Boulenger, 1896), and *Cyclorana platycephala* (Günther, 1873) and the Terrestrial Hylid Frog *Cyclorana novaehollandidae* (Steindachner, 1867). — Herpetologie (Sydney) 19 (1989) 1, 8—24

*Schlüter, A.:* Ökologische Untersuchungen an einem Stillgewässer im tropischen Regenwald von Peru unter besonderer Berücksichtigung der Amphibien. — Dissertation, Hamburg, 1984

*Stebbins, R. C.:* A field guide to Western reptiles and amphibians. — Boston, 1985

*Taylor, E. H.:* Frog — egg eating tadpoles of *Anotheca coronata* (Stejneger) (Salientia, Hylidae). — Univ. Kansas Sci. Bull. 36 (1954), 589—596

*Trueb, L.:* Variation in the Tree Frog *Hyla lancasteri.* — Copeia (1968) 2, 285—299

*Uchelen, E. van:* Een zelfgebouwde vliegenval. — Lacerta 45 (1987) 6, 89—94

# DER AUTOR

Hans-Joachim Herrmann wurde 1958 in Gotha geboren. Schon im dritten Lebensjahr begann er sich für Tiere zu interessieren; er erhielt sein erstes Aquarium und fing Molche in Wassergräben. Das aquaristische und terraristische Hobby begleitet ihn bis heute.

Aber auch der Beruf sollte zoologische Orientierung erhalten. Hans-Joachim Herrmann schloß 1983 sein fünfjähriges Studium an der Ernst-Moritz-Arndt-Universität zu Greifswald als Diplom-Biologe ab. Nach einem Forschungsaufenthalt am Moskauer Severzov-Institut war er als Abteilungsleiter im Zoologischen Garten Dresden tätig. 1986 erhielt er die Berufung zum Direktor des Naturhistorischen Museums Schloß Bertholdsburg zu Schleusingen. In dieser Institution baute er ein in seinem Artenbestand weltweit einmaliges Amphibien-Vivarium auf. Die darin gehaltenen Tiere dienten nicht nur einer attraktiven Exposition, sondern ebenfalls der Forschung. Arterhaltungszuchtprogramme und verhaltensbiologische Studien prägten die Arbeiten mit den Amphibien.

In mehreren Expeditionsreisen, beispielsweise nach China und Sachalin, lernte Hans-Joachim Herrmann Lebensräume von Tieren und Pflanzen kennen, die er auch in seinen Aquarien und Terrarien pflegt.

In seinen mehr als 250 populärwissenschaftlichen und wissenschaftlichen Publikationen, darunter sechs Bücher, werden viele neue Erkenntnisse über die Biologie der Amphibien, aber auch allgemeine herpetologische und vivaristische Fragen, neue Daten über die Meeresaquaristik und Themen zur Ethik des Naturschutzes vorgestellt. Seine besondere Liebe gilt der Fotografie. Seine Bilder findet man in manchem Kalender oder Bildband.

Die wissenschaftlichen Arbeiten betreffen insbesondere Unken, Braunfrösche und Zungenlose, aber auch einige Kröten- und Schwanzlurcharten, deren Mikromorphologie, Ökologie oder Verhaltensbiologie erforscht wurden. Hans-Joachim Herrmann promovierte 1992 zum Doktor rerum naturalium mit einem amphibienkundlichen Thema.

—